深い学びを支える

算数教科書の
数学的背景

齋藤　昇
　　　　編著
小原　豊

東洋館出版社

まえがき

　算数科の授業においては，数学の基礎的・基本的な知識や技能，思考力・判断力・表現力，学びに向かう力や人間性，新たな知識を生み出す創造性をしっかりと身に付けることが大切です。子ども達がこれらの能力を身に付けるためには，教員が算数の指導内容の数学的背景を深く理解していることが必要です。例えば，自然数はどのようにしてつくられたのか，交換法則はなぜ重要なのか，円の面積が πr^2 になる証明はどうするのか，などです。これらの数学的背景を教員が理解することによって，教員は算数科の指導目標や内容を明確に把握できるようになり，指導に適した教材作成や指導展開が容易かつ適切に行えるようになります。

　本書は，このような考えをもとに，教員が授業を行う上で知っておくと指導に役立つと思われる内容に焦点を当て執筆しました。第1章では，算数と数学の違い，算数の本質について述べています。第2章では，自然数やたし算の定義，数の拡張などの「数と計算」について述べています。第3章では，図による演算やあまりによる数の分類などの「演算と表記」について述べています。第4章では，線対称，合同，立体などの「図形」について述べています。第5章では，量の性質や誤差などの「測定」について述べています。第6章では，比例・反比例や速さなどの「変化と関係」について述べています。第7章では，ヒストグラムや標本分布，平均などの「データの活用」について述べています。第8章では，数学的活動の具体例について述べています。第9章では，新しい社会に期待される算数の展望を述べています。

　本書が，教員や教員を目指す学生にとって，算数の指導内容の理解を深めたり，分かりやすい授業を行ったりするための手助けになり，それらの考えに基づく指導によって，子ども達が生き生きと学び，創造的能力を高めていくことを心から願っています。

　　2020年2月

　　　　　　　　　　　　　　　　　　　　　　編著者代表　齋藤　昇

目　次

算数の数学的背景について

この章では，なぜ算数指導に数学が必要か，算数と数学をつなぐ視点は何か，道徳的資質やプログラミング教育の数学的背景は何かを明らかにします。

1　なぜ算数指導で数学が必要か

小学校第6学年の算数教科書には，次のような記述があります。

1　分数でわる計算

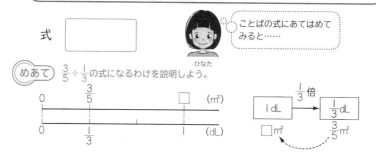

1

$\frac{1}{3}$dLで$\frac{3}{5}$㎡ぬれるペンキがあります。

このペンキ1dLでぬれる面積を求める式をかきましょう。

式

ことばの式にあてはめてみると……

ひなた

めあて　$\frac{3}{5} \div \frac{1}{3}$の式になるわけを説明しよう。

（啓林館，わくわく算数6, 59頁）

小学校算数の指導内容は，日常使っている計算であったり，過去に習ったやさしい数学の内容であったりすることから容易に理解できます。教科書の内容を教えるには，専門的な数学の知識を必要としないように思えますが，実はやさしい内容であるほど，数学の専門的知識が必要になります。

ここでは，次の2つの課題について，数学的な観点から考えていきます。

（1）算数と数学は，どこが違うのでしょうか。
（2）算数指導になぜ数学的背景が必要なのでしょうか。

（1）　算数と数学の違い

　広辞苑によれば，算数とは「数えること。計算。江戸時代には数学と同義」「数量や図形の基礎的知識」「数学教育の小学校段階での名称。算術に代わり1941年から使用」等と記述され，数量の計算や解決の手続き知識などに重きがおかれています。また，数学とは「数量および空間に関して研究する学問。代数学・幾何学・解析学ならびにそれらの応用などを含む」と記述されています。つまり，数学とは数，量，空間などの性質や関係について研究する学問であり，算数で扱う内容は，それらのいくつかの分野の初歩的内容であるといえます。したがって，算数は数学に含まれているものの数学の専門的な内容を含んでいるかどうかによって使い分けられた用語です。諸外国の多くは小学校段階から数学という用語を使用しています。

（2）　算数指導における数学的背景の必要性

　小学校第1学年では，自然数や整数の加法・減法について指導します。算数の指導内容は，私たちが日常使っている計算であったり，数学のやさしい内容であったりすることから，あまり疑問を抱かずに手続きを中心に教えがちです。子どもから，例えば「自然数は誰がいつ頃つくったのですか」と聞かれたとします。「昔，偉い人がつくったのです」と説明すれば，その場はしのげるかもしれませんが，質問に対する回答にはなっていません。自然数の加法の場面では，3+2が2+3と等しいことを指導します。文字を使うと$a+b = b+a$と表せます。「この式（交換法則）はなぜ大切なのですか」と質問されたときに，「計算が便利だからです」と回答したとすれば，子どもは，その場は納得するかもしれませんが，何かすっ

きりしないものが残るかもしれません。この子どもは，将来，算数や数学であらわれるすべての性質，公式，定理の必要性や重要性について尋ねられたときに「計算が便利だから」と答えるようになってしまうかもしれません。交換法則が成立しないときはどんなときかを考えたときに，その重要性が見えてきます。ひき算（減法）について考えてみましょう。「ひき算とは何ですか」という子どもの質問に対して「$a-b$ のことです」と答えたとします。これもまた不自然さを感じます。なぜならば，ひき算を説明するのに，ひき算を表す「－（マイナス）」の記号を使って説明しているからです。ひき算とは，$b+x=a$ となる x を求めることです。それに気づけば，$a-b$ は x の表現方法であって，定義でないことがわかります。数学では，既存の内容（あるいは前提）から新しいことがらを定義します。このことを意識すると，数学が体系的な学問であることが容易に理解することができます。

　分数のわり算（除法）を例にして考えてみましょう。分数同士のわり算では，ほとんどの子どもが除数の分母・分子をひっくり返してかける計算ができます。ところが「なぜ，分母・分子をひっくり返してかければよいのですか」と改めて質問されると，一瞬，返答につまってしまいます。小学校で初めて学んだときにはその理由を習ったのですが，計算の手順を熟知し，ルーチン化することによって，その理由を忘れ去っているのです。わり算はかけ算によって定義されますが，定義によらず計算方法のみに着目して「分数のわり算は，分母を1にすることである」ということを思い出させれば，

$$\frac{4}{5} \div \frac{2}{3} = \frac{\frac{4}{5}}{\frac{2}{3}} = \frac{\frac{4}{5}\times\frac{3}{2}}{\frac{2}{3}\times\frac{3}{2}} = \frac{\frac{4}{5}\times\frac{3}{2}}{1} = \frac{4}{5}\times\frac{3}{2}$$

と変形でき，分母・分子をひっくり返してかける意味が理解できます。

　また，分母同士と分子同士をそれぞれ割っても確かめることができます。途中の式で分母，分子に $\frac{3}{5}$ をかけて分母を1にすると，

$$\frac{4}{5} \div \frac{2}{3} = \frac{4 \div 2}{5 \div 3} = \frac{\frac{4}{2} \times \frac{3}{5}}{\frac{5}{3} \times \frac{3}{5}} = \frac{\frac{4}{2} \times \frac{3}{5}}{1} = \frac{4}{2} \times \frac{3}{5} = \frac{4}{5} \times \frac{3}{2}$$

となります。分数同士のわり算の導入段階で，子ども達がわり算を，かけ算と同じように，分母同士，分子同士をそれぞれわることがありますが，その計算方法は正しい方法です。

　よく話題になるかけ算の順序問題を考えてみましょう。例えば「鶴が3羽います。鶴の足は全体で何本でしょう」というような問題です。「羽」「本」を任意単位，3羽，2本を量（数値×単位）とみなせば，2〔$\frac{本}{羽}$〕× 3〔羽〕＝6〔本〕になります。交換法則が成り立ちますので，3〔羽〕× 2〔$\frac{本}{羽}$〕＝6〔本〕になります。また，全体の本数をx本として，数値関係式を求めるだけであれば，$x = 2 \times 3$または$x = 3 \times 2$になります。しかし，単に$2 \times 3 = 6$〔本〕という表記は物理的な意味（数値の2や3）が曖昧です。$2 \times 3 = 6$〔本〕（計算した後で括弧で単位をつける）というような記法は，物理量的な扱いと数値関係式の扱いが混在しており，世界的にはあまり見られない日本の初等中等教育独自の記法です。それゆえ，無用の混乱を招き，物理量の概念の正確な理解を妨げる原因にもなっています。単位（任意単位を含む）を伴った演算の初期段階においては，物理的な量（数値×単位）とみなして説明する方法が誤解を生じないで，発展性があるように思います。

　これらの例で見られるように，算数の数学的背景の理論を知ることは，指導内容や学習内容の筋道を知ることにつながり，教員にとっては，子どもにわかりやすく，論理的なよい授業を行うための手助けになり，子ども達にとっては，「計算ができる」ことから「計算や内容の意味がわかる」ことへの手助けになります。

（齋藤　昇）

2　算数と数学をつなぐ視点

（1）　算数と数学の相違

　算数（arithmetic）は，具体的な実世界の数・量・形・関係を日常との関連から学ぶ小学校での一教科です。それに対して，数学（mathematics）は，数・形・空間・関係を抽象的な記号操作を基に学ぶ中学校以降の一教科，ないし学問分野です。算数と数学の隔たりの要点はアート（術）とサイエンス（学）の相違に帰着できますが，より具体的には文字式の用い方や論証の厳密さなど教材面から論じることもできます。ここでは，実際の問題解決過程を比べることで両者の違いを具体的に示します。

問①「120円のりんごと80円のみかんを合わせて20個買ったら，値段は2160円でした。みかんはいくつ買いましたか」

解答 A
購入したりんごの数を x，
みかんの数を y とする。

$$\begin{cases} x + y = 20 \\ 120x + 80y = 2160 \end{cases}$$

$\therefore x = 14, \quad y = 6$

　　　　答え．みかん6個

解答 B
$120 \times 20 = 2400$
$2400 - 2160 = 240$
$120 - 80 = 40$
$240 \div 40 = 6$

　　　　答え．みかん6個

　問①は買い物という設定ですが，古代中国『孫子算経』での雉兎同籠，和算でいう鶴亀算です。解答 A のように二元一次連立方程式で解く場合には，文字式で表した後に代入法か加減法で一元一次方程式に帰着させ，代数的操作で解を導けばよいでしょう。もちろん，初めから文字を1つしか使わず一元一次方程式で解く解答でも同様です。その一方で，解答 B では文字を用いない計算式が並んでいます。子どもにこの式の説明を求めると，「もし全部りんごだったら値段は2400円（1行目）」，「全部がりんごだった場合の値段と実際の値段の差額は240円（2行目）」，「りんごと

みかんの単価の差額は 40 円（3 行目）」,「全体の差額を単価の差額で割って 6 個（4 行目）」, と話してくれるでしょう。この解答 B は,「もし全部みかんなら」「もしりんごとみかんが半数ずつなら」などの発想でも解けます。このように, 数学的である解答 A では, 数量関係を文字式で表した上で機械的に処理しています。算数的である解答 B では, 1 つ 1 つの式変形や計算操作に具象と対応した意味があります。このアプローチの違いは,「便利な文字式を用いる数学の方がよい」, または「仮定法を用いる算数の方が高度」などと短絡的に断じられません。大切なのは, 算数は数学の導入初期でありつつ, 同時に, 数・量・形を事物現象と対応づけることで逐次処理の内実を具体で捉えていることです。形式内で完結させないのです。抽象即高度, あるいは初等即容易といった考え方は安直すぎます。

> 問②「120 円のりんご, 80 円のみかん, 100 円のかきを合わせて 20
> 　　個買ったら値段は 2160 円でした。どの果物も少なくとも 1 つは
> 　　買ったとすると, みかんはいくつ買いましたか」

この問②を解く上で, りんごの数を x, みかんの数を y, かきの数を z として立式すると, $x + y + z = 20$, $120x + 80y + 100z = 2160$ となり, 未知数の数より方程式の数が少ない不定方程式として問①ほど簡単には解けません。そこで, どの果物も少なくとも 1 個買うことから, $120 + 80 + 100 = 300$ を 2160 からひき, 残額 1860 円と同額になる果物 17 個の組み合わせを探す手順を用いると 5 つの場合が導き出せます（表 1-1）。

表 1-1　果物の組み合わせ

りんご	12	11	10	9	8
みかん	4	3	2	1	0
かき	1	3	5	7	9

文字による形式的処理はその簡便さから数学のよさの 1 つですが, それだけに偏るのは不毛なのです。誤解を恐れずにいえば, 算数は単一のサイエンス（体系づいた客観知）とは言い切れません。数学, 教育学, 心理学など複数の分野に根差した領域であり, 数学という学問を子どもの陶冶のために用いる制約が課せられた実務としてのアート（知情意の変動を期する技法）に近く, その実務こそが算数の存在意義なのです。

（2）　算数教材の背景としての数学を知る

　小学校教諭一種免許状を取得するには，「教科に関する科目」の8単位が最低限必要となります。「教職に関する科目」で取り扱う指導法や授業論とは異なり，「教科に関する科目」では教科の基になる母学問についての知識や教養が求められます。教え方を学ぶ以前に教えるべき内容を深く学ばなくてはなりません。無い袖は振れないのです。算数科では，数学的な正しさと教育的な意図の緊張関係を知ることが必要になります。例えば，代数的拡大体について学び，数がその演算可能性からいかに拡張されるかを理解した上で，生活での数量処理に資するという教育的な意図を知れば，学校での指導系列（自然数 N →非負数 Z^+ →正の有理数 Q^+ →整数 Z →実数 R）が特殊一般の関係からみて何故このように組み換えられているのか，超越数 π の指導位置も含めて，指導する内容の必然性を自覚できます。ここでは更に，小学校教員が算数教材の数学的背景を知るべき2つの具体的な理由について述べます。第一に，教材間の結び付きが把握できることです。例えば，第6学年の「比例と反比例」では，教材研究が足りないと正比例と反比例を対立する概念と見過ぎたり，ややもすれば反比例を一次分数関数と捉えて指導期を遅らせるべきと考えてしまいます。しかし距離を z，時速を x，所要時間を y とおけば，時速 x 一定で距離 z と所要時間 y が正比例，距離 z 一定で時速 x と所要時間 y が反比例しており，同じ事象の別側面とみられます。その関係は $z = xy$ で表され，3次元空間における双曲的放物面（線織面）をある平面で切断して生じる曲線の様相として統合できます。上記の時速 x 一定とは yz 平面に平行に切り正比例（直線）を見出すこと，また距離 z 一定とは xy 平面に平行に切って反比例（双曲線）を見出すことに他なりません。こうした数学的背景を知ることが，教員の教材理解，即ち教材間の結び付きを支えるのです。

　第二に，子どもの解法をより適切に評価できることです。例えば，「3人の友達に

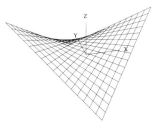

図 1-1　馬の鞍型（双曲的放物面）

みかんを4こずつあげます。みかんは全部でいくついりますか」という問題に対して，田中さんは4 × 3 = 12，鈴木さんは3 × 4 = 12と立式して答えたとします。これを"みかん4こが3人分必要"だから鈴木さんは誤っていると断じることも，演算の交換法則を式解釈に持ち込んで3 × 4 = 4 × 3だからどちらも同じと断じることも早計です。「式が何を表しているか」を当人が自覚し，式と具体（みかんや友達の数）の対応を言葉や図を用いて説明できれば本来何も問題ありません。「4 × 3ならマルで，3 × 4ならバツ」と形式的に処するのは上策ではないのです。欧米文化圏による乗数被乗数の反転等を例に出すまでもなく，式表現は多義的です。導入期には既定型に沿うべしという公教育の性格は大事ですが，あくまで個々の式表現を解釈し合う手間を省くべく式表現を便宜として社会的に約束していることに留意すべきです。それこそが構成主義です。その後，具体と対応させずとも抽象数で形式処理できる式の簡便さを知りつつ，その反対に，式表現だけでは多様な考え方が必ずしも伝え難い状況にあれば，図や表を用いて思考を補えばよいのです。

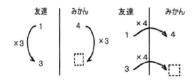

ベルニョ（Vergnaud,G.）の見解によれば，田中さんの立式からは，友達1人と3人の間と，みかん4ことロこの間に同じ関係があること，即ち$f(\lambda x) = \lambda f(x)$と表現されるスカラー操作が認められます。これに対して，鈴木さんの立式からは，友達1人とみかん4この間，友達3人とみかんロこの間に同じ関係があること，即ち$f(x) = ax$と表現される関数的な操作が認められます。もし鈴木さんが「3人の友達にみかんを1こずつあげればみかんは3こいる。これを4回繰り返す」と関数的に考えていた場合，式表現と具体はきちんと対応しており，式を一見してバツをつけて全否定するのは不穏当です。

　小学校教員が数学的素養を身に付けることは，子ども達が算数授業でみせる多様な記述や背後の発想を妥当で柔軟に認める確かな一助になるでしょう。

（小原　豊）

3 道徳的資質と数学的思考

（1） 算数における公序良俗

　算数は学校教育法施行規則第50条に基づいて在立した独自の目標をもつ一教科ですが，同時にその特質に応じて適切な道徳性を涵養することが求められます。そのためには，問題解決の場面を「親孝行」，「敬老」，「友情」など公序良俗に照らして身を律するよう状況を設定する外面的な対処と，算数数学の本質が如何に人間性の陶冶に資するかを心得る内面的な対処に大別されますが，本節ではその両方について概略を説明します。

　文部省（1986）が刊行した道徳指導資料『小学校 思いやりの心を育てる指導』では，各教科における思いやりの心の範例として「間違えても笑わない（第3学年）」「異なる答や考え方を大切にする（第6学年）」の2つの算数の指導が示されています。そこでは例えば左下の図のように円の

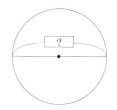

中心を通って，円周から円周まで直線をひいたとき，3年生のY児が「それは全径ですね」と言う場面があります。その後，子ども達は「ぼくわかるよ。Y君の言ったこと。半分だから半径でしょう。だから全部だから全径です。」「あっ，そうか。Y君，頭いい。」と会話は次々に続きます。「でも，Y君の言っている全径のことを直径って言うんだよ。教科書に書いてあった」「でも，Y君の全径という言い方でも，その意味はわかるよ」。ここで教員が当初から「これは直径です」と慣例上の正しい呼び方を即座に教えていたら，子ども達が友達の考えを尊重し，一生懸命に理解して決して蔑まない態度は育たないでしょう。この指導資料の事例が示す算数授業での教員の対処は刮目に値します。実はこうした子どもなりの素朴な発想は算数数学の随所に現れ得

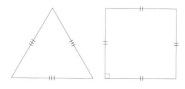

るものです。例えば，正三角形を「三等辺三角形」，正方形を「正四角形」と呼んでも，それを単に一笑に付すべきではなく，むしろ形状と名称の対応

から図形を構成する条件を考える契機にすべきです。

　他にも，ある子どもが直角が 90° であることに疑問をもち，「100°の方がいい」と言った場合でも，地球の公転周期など天文学との関連や，90 と 100 の約数の相違から 3 で整除できるよさを一方的に示すだけでなく，10 の累乗数で角度を表す単位（gon）の存在に触れて，その子の発想の豊かさを称揚し，一見奇抜な思い付きを言った友達を笑わずに考えを深めようとする思慮深い態度こそ育てるべきでしょう。その上で，算数数学の内容や形式を作ってきた先人の工夫に感謝や敬意を覚えることができれば，さらに素晴らしいことであり，道徳的資質の礎となるでしょう。

　さて，上の内容を逆にみれば，教員が算数の数学的背景をきちんと押さえなければ，子ども達がお互いの発想を認め合えずに独善や偏見に陥ってしまい，道徳的資質を損なう危険があるということです。例えば，ある子どもが面積の学習において「周りの長さが長い方が面積が広い」と発言したとします。これは，算数では代表的な思い違い（misconception）と考えられがちですが，本当に誤りなのでしょうか？

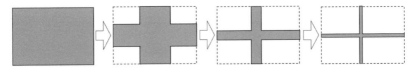

　上の子どもの発言に対して上図のように周囲を変えずに面接を削り取っていく反例を示して子どもの発言に反省を求める指導が考えられますが，これだけでは折角のその子の気づきが報われません。上の発言は「同じ形（相似）のとき」という前提条件を加えれば補正できます。例えば円の場合ならば上の発言は正しいのです。子どもの発言を単純な正誤で二分せずに，互いが条件を付け加え合う方向に教室の議論を向けることで，意見を全面否定しない調和の精神や限定を付ける節度を育む指導が期待できます。

　算数を浅慮して子ども達を不条理な目にあわせたくない，素朴な気づきをきちんと汲み取って数学的思考も道徳的資質もしっかりと育てたい。本気でそう思うのならば，先ず教員に確かな数学的素養が要るのです。

（2） 数学の本質と民主主義

　古代ギリシア期の数学史を省みれば，数学と民主主義が通底していることがわかります。民主主義では主権をもった人々が合意を形成する「議論」が基礎になります。「議論」とは，自らの考えを根拠と共に筋道立てて弁じ合うものであり，言葉の約束（定義），共通概念（公理），前提要請（公準）を整えて確かさを求めなければ詭弁や曲説がまかり通ってしまいます。真理を探究しつつ公正で妥当な主張を期す上で思慮深い数学的な思考は不可欠なのです。雰囲気に流されて周囲の意見に従属的に迎合してしまえば，物事の正しさを自己決定する能力が不全になってしまいます。

　また，デューイは著書『民主主義と教育』において「開かれた心，誠実さ，真心，視野の広さ，几帳面さ，受容した諸観念の諸帰結を展開する責任を引き受けること，これらはみな道徳的特性である」と述べていますが，算数数学を学ぶ過程で偏った1つの考え方に執着せずに，異なる答えや多様な解法，多様な価値観を互いに認めて高め合うことはその道徳的特性の具体化に相当するでしょう。数学はその抽象性と形式性から"1つの絶対的に正しい解答"を求める活動だと思われがちですが，例えばオープンアプローチ（能田，1983）のように解答と過程の多様性を積極的に用いることで独善や偏見に陥らない公正・公平，寛容の徳性を培うことが期待できます。

　学校教育の目的が人間形成にあることは論を俟ちませんが，この民主社会を安定的に維持する上で子ども達は先人の創り上げた事柄を素直に学び既存の文化を習得せねばなりません。しかし同時に，目前の事柄を当然と思って探究せずに無根拠に覚える学びが横行すれば，子ども達は無思慮に権威や通説に従う他律的な人間に育ってしまいます。我々は算数数学を通して，子どもが先達に敬意をもちつつも自らの問いをもち，より自由に批判的に考え抜き，自他を納得させる明証さを堂々と求めるように育てるべきです。それこそが算数数学において道徳的資質を育成する根幹です。こうした数学を通した人間性の陶冶は，塩野直道や和田義信，中島健三，清水静海といった我が国の先賢が綿々と提起してきたことでもあります。

社会的な権威や通説で真偽を定めないこと，正しさの根拠を他人に委ねずに自らの頭で考え抜くこと，自ら約束（定義）して自ら責任（整合性）を取ること，これらは数学的思考の根幹ですが，中々容易には培い難いものです。ウィトゲンシュタインは数学をその形式性から「ゲーム」に喩えました。そして，ピアジェはゲームの規則に関する意識を以下3つの段階に分けています。第一段階では，規則を絶対的先験的に決まった拘束とみて信受します。第二段階では，規則を大人が権威的に与える他律的な制約とみて遵守します。第三段階では，規則を集団内で合意して相対的に取り決める契約とみて自律的に選択します。算数数学では「教科書に書いているから正しい」「先生が言ったから正しい」といった第一段階，第二段階での従属状態を超えて，規則それ自体の合理性を感得する第三段階へと子ども達を導びきかねばなりません。

　こうした陶冶的思想を我が国の算数数学で最初に明確に打ち出したのが，昭和22年の学習指導要領算数科・数学科編（試案）です。そこでは現象の処理を社会的目標と位置づけ，人間性の内面にうったえる指導が示されています。続く昭和26年の学習指導要領（試案）では，算数と教育の一般目標に「物事を正確に処理せずにはいられない鋭い道徳的な感情を養う」，「社会のきまりを正しくする」などの項目と共に，算数が判断の自主性をその性格としてもつことが示されています。同様に，数学科の一般目標にも「正義に基づいて自分の行為を律していく態度を養う」などの項目と共に，学校内外の生活に貢献する人間の育成が掲げられています。

　このように，算数数学では，実用や利益に直接つなげる用具的な面だけでなく，正しい結論を導く上で暗黙とされている仮定や不明確な条件に疑問をもってそれを改めたり，権威や通説に一方的に追従せずに根拠に基づいて自ら判断していく過程で，自主・自律や思惟，守約・遵法の徳性を培っていくことが求められます。算数の学びを通して，社会の構成員の大多数に共有される公共心に基づいて判断する道徳的資質を培うことは，数学の本質にも合致しているのです。

（小原　豊）

4　小学校教科担任と数学的背景

　現在，小学校では音楽や図画工作など一部技術系科目を除いて学級担任がほぼ全教科を教える学級担任制が基本的に採用されています。この制度は日本だけでなく米英仏独韓など諸外国の殆どでも同様であり，児童の学びの実態を総合的，教科横断的に把握し易く，授業時間を弾力的に運用できるなどのメリットがある反面，各教科の学びを専門的に深めることに教員の負担と限界が生じるというデメリットもあります。専門性とは「広く」と「深く」を両立し難いのです。文部科学大臣の諮問機関である中央教育審議会は，2022年度を目途に小学校高学年を対象として教科担任制を導入すべきという方針をまとめました（文部科学省，2019）。これは我が国の小 – 中 – 高の修養年数 6-3-3 制から，欧米的な 4-4-4 制への移行を見据える程の大変革ではありませんが，少なくとも教員配置，教員免許制度ではかなりの転換点になります。この中教審の方針を本書からみれば，小学校高学年の算数を専科教員が担当することの是非が問われます。現実的にこの制度変更を進めれば，既に中学校教諭免許状（数学）をもつ教員に一定の勤務経験と補助講習によって小学校専科教員免許状（算数）を授与する対処的方法と，教職課程をもつ大学において初等教員養成課程で修得する教科専門科目群に，中等教員養成課程と同様な代数学，解析学，幾何学などを入れ込む根本的方法の 2 つが考えられます。どちらの方法においても，教員が自らの得意分野を活かした教材研究を深めて，指導内容を可能な限り専門的に熟知することが肝要であり，その意味において，小学校教科担任制の方針は，「算数教科書の数学的背景を知り学びを深める」という本書のエスプリと非常に合致しているといえます。

　小学校教員免許状を算数専科でもつほどに教科専門性を深めた場合，具体的に算数指導はどう変わるのか，三角形の合同条件を例として概説します。三角形の合同条件は，図形の性質を筋道立てて明らかにする上での根拠の 1 つとして幾何教育の重要な位置を占めています。しかし，多くの場合，合同条件それ自体は充分に探究せず，三角形の決定条件をもとに 3 つ

の合同条件を提示し，速やかに論証に移ります（清水 1979，小原 2017）。

　実際に，小学校現職教員の方々を対象とする講習会で「三角形の合同条件は幾つありますか」と尋ねると，二辺夾角相等（SAS），二角夾辺相等（ASA），三辺相等（SSS）の3つはすぐに挙がります。このSはSide（辺），AはAngle（角）を示します。また特殊な三角形の場合として直角三角形の合同条件である，斜辺と他一辺相等（RSS），斜辺と一鋭角相等（ASR）も挙がってきます。このRはRight angle（直角）を示します。また正三角形の合同条件として，一辺相等（S）を挙げる方もいます。しかし，次の2つの質問をすると，息を呑む先生方が多々おります。第1の質問は「それらの合同条件を定理として証明したことはありますか」，第2の質問は「SAS，ASA，SSS以外にも一般の三角形の合同条件があるのか，ご自分で探究したことはありますか」です。紙幅の都合上，第1の質問については本書第4章2節をご覧ください。第2の質問については，3つの角と3つの辺の6要素からなる三角形の形状の定め方を探ると，上記と異なる合同条件が見えてきます。例えば二辺夾角相等（SAS）の合同条件を指導する際に，ある子どもが「角は2辺の間じゃないとダメですか」と尋ねてきたとします。夾角でなければ形状が一意に決まらないこと（SSA）は通常の指導範囲内といえます。

　しかし，そこで思考停止して条件を放棄せず，更に「どんな条件を追加したら合同条件にできるか」と問いを続ければ，左図のような「二辺とその長辺の対角相等（SsA）」の合同条件が導けます。

　こうした「子どもの素朴な問いを肯定的に受け止めて伸ばす」指導は，

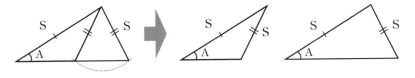

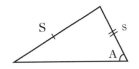

算数を専科とする小学校教員ならではの深い教材研究の上で成り立つでしょう。

（小原　豊）

18

5　プログラミング的思考の数学的本質

　小学校第5学年の算数教科書には，プログラミングについて次のような記述があります。

下の(ア)，(イ)，(ウ)のことができる
コンピューターを使って3の倍数を求めるには，
どのような指示をすればよいでしょうか。

(ア)1から小さい順に整数について調べる。
(イ)ある整数をある整数でわって，整数の
　　商とあまりを求める。
(ウ)調べた結果によって，整数を書き出す。

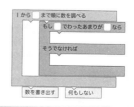

 3の倍数を求めるという
機能はないね。
りく

 コンピューターへの指示をプログラム，
プログラムをつくることを
プログラミングということがあるよ。

（東京書籍，新しい算数5上，126頁）

（1）　小学校のプログラミング教育で目指すこと

　平成29年に告示された小学校学習指導要領から，小学校でプログラミング教育を実施することになりました。プログラミング教育は，どの教科で実施しても構わないとされています。しかし，学習指導要領解説等では，算数科，理科，そして総合的な学習の時間でのプログラミング教育の例示があることから，これらの科目で実施される可能性が高いでしょう。実際，上に示したように算数教科書でも，プログラミングにページが割かれています。

　小学校でのプログラミング教育では，「プログラミング的思考」の育成を目指します。プログラミング的思考の概念は，「小学校段階における論理的思考力や創造性，問題解決能力等の育成とプログラミング教育に関する有識者会議」（以下，「有識者会議」）が，平成28年6月に公表した「小学校段階におけるプログラミング教育の在り方について（議論の取りまとめ）」に遡ります。ここで，「プログラミング的思考」や「プログラミング教育」が定義されました（図1-2）。このコンセプトは，中央教育審議会

（2016）の答申に盛り込まれた後，平成29年に告示された学習指導要領へ反映されました。図1-2のプログラミング的思考の説明の中に，「動きの組合せ」という表現があり，これはまさに後述するアルゴリズムのことを指すと言って良いでしょう。また，プログラムは1回でうまく組めることはまずありません。何らかのエラーで止まったり，思ったような動きにならなかったりします。このような試行錯誤の過程も含まれています。

　そして，最も大切なことは，プログラミングを通して育成する力の中核は論理的な思考力であるということです。図1-2をみていくと，「時代を超えて普遍的に求められる力」といった表現があります。これは，学習指導要領解説総則編（文部科学省，2017a）中の「プログラミング言語を覚えたり，プログラミングの技能を習得したりといったことではなく」（p.85）という表現にその意図がよく現れています。プログラミングというと，BASIC，C，JAVAといったプログラミング言語の文法に則り，コードを打ち込んでいくイメージが強いかもしれませんが，小学校のプログラミング教育は，コーディングが主の目的ではありません。プログラミング言語は時代によって何が主流かが変わる可能性があるからです。

【プログラミング的思考】自分が意図する一連の活動を実現するために，どのような動きの組合せが必要であり，一つ一つの動きに対応した記号を，どのように組み合わせたらいいのか，記号の組合せをどのように改善していけば，より意図した活動に近づくのか，といったことを論理的に考えていく力
【プログラミング教育】子供たちに，コンピュータに意図した処理を行うよう指示することができるということを体験させながら，将来どのような職業に就くとしても，時代を超えて普遍的に求められる力としての「プログラミング的思考」などを育むこと

図1-2　プログラミング的思考とプログラミング教育
（有識者会議，2016）

　冒頭の教科書を見てみると，コードにあたる部分は，パズルのような図形の組み合わせで表されていることに気付きます。このように，「動きの組み合わせ」を考えていくことに重点が置かれています。なお，近年は小学生でも比較的簡単に，ピースを組み合わせるようにしてプログラムを組めるような言語が開発されています。有名なものとして，マサチューセッツ工科大学が開発したScratchという言語があり，https://scratch.mit.

edu/ から無料で利用できます。

(2) アルゴリズムとは

　アルゴリズムは，日本産業規格（JIS）によって「問題を解くためのものであって，明確に定義され，順序付けられた有限個の規則からなる集合」（JIS X 0001-1994）と定義されています。別の表現では「解をうみ出すことが保証されている手続き」（Novick & Bassok, 2005）とも言われます。例えば，2次方程式の解の公式を用いると，だれでも，正しく計算できればその方程式の解を求めることができます。普段は，意識していないかもしれませんが，公式もアルゴリズムの一つと言えるでしょう。一方，最大公約数を求める「ユークリッドの互除法」など，有名なアルゴリズムもあります。アルゴリズムは，順番に処理を行っていくこと，繰り返し（ループ），条件分岐（もし〜なら…）という3つの基本的な要素で構成されています。冒頭に示した教科書からも，それらの要素があることがわかると思います。

　プログラミングは，こうしたアルゴリズムを構成していく作業と捉えられます。実際にコンピュータでプログラムを動かすには，何らかのプログラミング言語を用いて表現する必要がありますが，前述のように，特定のプログラミング言語の習熟が，小学校でのプログラミング教育の目的ではありません。もちろん，コンピュータやタブレットなどを使って，実際にプログラミングすることが望ましいですが，機材などの環境整備の問題も大きいといえます。そこで，コンピュータを用いない「アンプラグド」なプログラミング教育も注目されており，小学校で実際にどのようなカリキュラムが展開できるかを検討した例として，田中・御園（2019）などもあります。

(3) 倍数の判定プログラム

　それでは，冒頭に示した「3の倍数の判定」のプログラミングについて考えていきましょう。学習指導要領解説総則編（文部科学省, 2017a）では，プログラミングに取り組むねらいとして「教科等で学ぶ知識及び技能等をより確実に身に付けさせる」ということが述べられています。そして

学習指導要領解説算数編（文部科学省，2017b）では，「多角形の作図」
の例が述べられていますが，今回，「3の倍数の判定」を取り上げたのは，
「教科等で学ぶ知識及び技能等をより確実に身に付けさせる」ことによく
適合する事例であると考えたからです。3の倍数というと，児童は「3に
整数をかけてできる数」というイメージを強くもちます。教科書では，3
で割り切れる数，つまり，3で割るとあまりが0になる数ということにも
触れていますが，その印象は薄いでしょう。3の倍数の判定には，3で割
るとあまりが0になるかどうかで条件分岐，すなわち場合分けが必要にな
ります。したがって，このプログラミングの経験を通して，3の倍数につ
いてより多面的に深く考えることができる可能性があります。このよう
に，プログラミング教育は「教科の知識・技能」の育成に資する必要があ
り，プログラミング的思考と教科の力を合わせた教師の育成や教員研修が
急務であると言えるでしょう（御園，2018）。

　実際に，Scratch を用いて作成した
3の倍数の判定プログラムの例を図
1-3 に示します。参考までに，どう
やって作成していけばよいのかを示し
た動画を YouTube（https://www.
youtube.com/watch?v=DzgX6cit_vM）
にアップロードしています。文部科学
省（2018）も，『小学校プログラミン
グ教育の手引（第二版）』を発行していますので，あわせて参考にすると
よいでしょう。

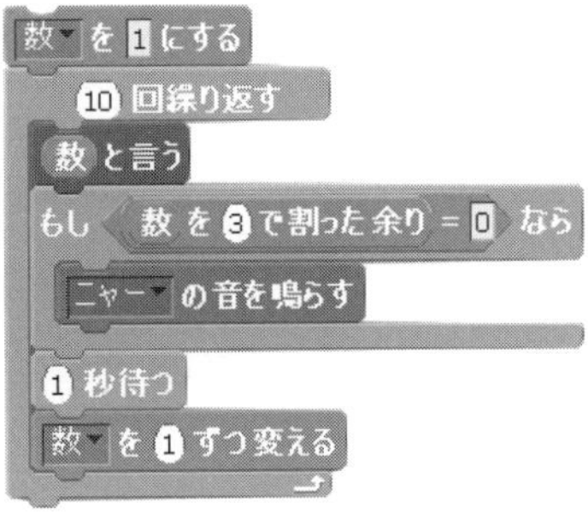

図 1-3　3の倍数判定プログラム例

（御園真史）

第1章 教員採用試験問題

(1)　1個120円のみかんと1個170円のりんごをあわせて18個買い，代金を2510円支払った。みかんとりんごそれぞれ何個ずつ買ったか。

（2017年度長崎県教員採用試験問題　改）

(2)　5で割ると3余り，4で割ると2余り，3で割ると1余る整数のうち，300に一番近い数を求めなさい。

（2015年度広島県・広島市教員採用試験問題　改）

(3)　小学校第5学年の「小数のわり算」の授業で，次の問題を扱いました。

「3.5 m の木の棒の重さを量ったら，6.3 kg でした。この木の棒1 m の重さは何 kg でしょうか」

つばさくんは，$6.3 \div 3.5$ と立式して，次のように計算しました。

$6.3 \div 3.5$

$6.3 \div 35 = 0.18$

$0.18 \times 10 = 1.8$　　　　　　　答え　1 m の重さは1.8 kg

この式と計算の意味を説明しなさい。

（2017年度静岡県・静岡市・浜松市教員採用試験問題　改）

数と計算について

　この章では，「数と計算」領域における数学的な背景である自然数，加法の定義，数の拡張，ユークリッドの互除法を取り上げます。

1　自然数とは

　小学校第1学年の算数教科書に，加法について次のような記述があります。

2ほん　　　　　　4ほん

ぜんぶで　なんぼんですか。

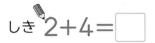

しき 2＋4＝□

こたえ □ぽん

（啓林館，わくわくさんすう1，43頁）

　加法が用いられる場合として，主に，ある数量に他の数量を追加したり，ある数量が増加したりしたときの数量の大きさを求める「増加」，同時に存在する2つの数量を合わせた大きさを求める「合併」，ある番号や順番から，さらに何番か後の番号や順番を求める「順序数を含む加法」があります。子どもは，ブロックなどの具体物を操作し，記号や式の読み方を通して，加法について学びます。ここでは，次の2つの課題についてみ

ていきます。

---

(1) なぜ，1+1 は 2 になるのでしょうか。

(2) なぜ，2 ＋ 3 ＝ 3 ＋ 2 となるのでしょうか。

　自然数とは，1 から始まって，2, 3, 4, …と限りなく続く数のことです。

　自然数は様々に定義されますが，ここではペアノの公理について述べます。イタリアの数学者であるペアノは自然数を図 2-1 のように定めています。ただし，「1」「後者」「数」は無定義用語とします。図 2-1 は以下の 5 つのことを意味しており，これを満たす数を「自然数」と呼びます。

1.　$1 \, \varepsilon \, N$
2.　$+ \, \varepsilon \, N \backslash N$
3.　$a, b \, \varepsilon \, N . a+ = b+ \; : \; \supset . \, a = b$
4.　$1 - \, \varepsilon \, N+$
5.　$s \, \varepsilon \, K . 1 \, \varepsilon \, s . s+ \supset s \; : \; \supset . \, N \supset s .$

図 2-1　ペアノの公理
（小野・梅澤，1969）

公理 1.　1 は数である。

公理 2.　a が数なら，a の後者 a' も数である。

公理 3.　x' と y' が同じなら x と y も同じ数である。

公理 4.　1 を後者とする数は存在しない。

公理 5.　1 から x までを数とする。ある数を k とすると，$k+1$ も数に含まれる。

　公理 2 より，「1」の後者がただ 1 つに決まり，それが自然数であることが定まります。これを記号「2」と表します。さらに「2」の後者を考え，これを記号「3」と表します。これを順々に繰り返して記号「4」，「5」，「6」，…と表し，自然数を構成します。この公理により，後者として 1 つに決定できない実数などは自然数に含まなくなります。ただし，自然数は無限に存在し，数えきることができません。そこで，公理 5 を用いることにより，すべての自然数が構成されることを示せます。つまり，自

然数の部分集合において，$x = k$ のときに成り立つと仮定して，$x = k + 1$ のときにも成り立つならば，全ての自然数において成り立つことを示しています。これは数学的帰納法の原理であり，高校数学で習う内容になります。

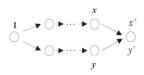

図2-2 公理3がない場合

公理3は，例えば，x の後者が3，y の後者が3であるならば，x も y も2であることを示します。これは当然のことのようですが，この公理がなければ，後者が分岐し，自然数が図2-2のような構造になる可能性があります。

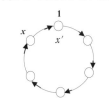

図2-3 公理4がない場合

公理4は，1から始まることを示しています。この公理により，0が自然数に含まれないことだけでなく，図2-3のように，自然数が循環しないように定めています。

この5つの公理を満たす数は，自然数だけに限りません。例えば，自然数の平方数（1^2, 2^2, 3^2, 4^2, 5^2, …）です。この数は1から始まっています（公理1）。1^2 の後者は 2^2，2^2 の後者は 3^2…と定めると，その数の後者もただ1つ存在します（公理2）。$x' = 4^2$，$y' = 4^2$ であれば $x = 3^2$，$y = 3^2$ のように，後者が同じであればその前の数も同じ数になります（公理3）。このとき，1を後者とする数はありません（公理4）。ある数 k を 5^2 とすると，$k + 1$（$5^2 + 1$）も自然数の平方数に含まれます（公理5）。これらのことから，自然数の平方数がペアノの公理を満たしていることがわかります。a^2 を A とすると，もとの定義と同じ構造になっています。

ペアノの公理を基に，自然数の加法について考えます。先述の5つの公理より，$1' = 2$，$2' = 3$，$3' = 4$，…と表せます。このことから，$(1')' = 3$，$(2')' = 4$，$(3')' = 5$…となります。つまり，a の後者 a' は，手の指を1本折り曲げること，a''' は指を3本折り曲げることに相当します。明治期から大正期にかけて日本で最初に出版された国定算術教科書である尋常小学校算術書（通称，黒表紙教科書）における数え主義は，この数え主

義方式を採用しています。

この5つの公理に基づくと，加法は次の2つの事柄で定義できます。

1. $a' = a + 1$
2. $a + b' = (a + b)'$

これらを基に「$1 + 1 = 2$」を考えると，2は1の後者であることを表しています。

$4 + 2 = 6$ の場合は，図2-4のように考えることができます。まず，2を1の後者と表します（①）。次に，定義の2番目の式 $a + b' = (a + b)'$ より，$(4 + 1)'$ と変形できます（②）。$(4 + 1)'$ は，4の後者の後者です（③）。4の後者は5であり，その後者は6になります（④⑤）。

$$
\begin{aligned}
4 + 2 &= 4 + 1' & \cdots ① \\
&= (4 + 1)' & \cdots ② \\
&= (4')' & \cdots ③ \\
&= 5' & \cdots ④ \\
&= 6 & \cdots ⑤
\end{aligned}
$$

図 2-4 ペアノの公理に基づく加法

$$
\begin{aligned}
4^2 + 3^2 &= 4^2 + 2^{2'} \\
&= (4^2 + 2^2)' \\
&= (4^2 + 1^{2'})' \\
&= ((4^{2'})')' \\
&= (5^{2'})' \\
&= 6^{2'} \\
&= 7^2
\end{aligned}
$$

図 2-5 平方数における加法

同様に，自然数の平方数についても，加法を定義することができます。例えば，数が順番に 1^2, 2^2, 3^2, 4^2, …としたときの $4^2 + 3^2$ について考えます。「$+1$」を「後者を求めること」として考えると，図2-5のように考えることができます。

これらのことから，加法とは「a の次の数，次の数，…」と順に指を折り曲げるかのように a の後者を次々と求めていくことになります。この定義を子どもに直接教える必要はありませんが，加法の定義は小学校教員として知っておくべき内容の1つです。本節では自然数の順序数的な側面に着目してペアノの公理を中心に述べましたが，同じ数学者でも，例えば，ラッセルらは集合数的側面に着目して自然数を類と関係の論理構造に還元して構成しています。ここで大切なことは，一見簡単にみえる事柄の背後に，厳密さの追究から成る深い数学が存在していることを認識しておくことです。

また，自然数の演算において交換法則が成り立つことは自明のように思えますが，成り立たない場合もあります。例えば，$2 - 3 \neq 3 - 2$, $2 \div 3 \neq 3 \div 2$ のような減法や除法では成り立ちません。交換法則が成り立つことは，その数の集合における演算の特性の1つです。

$2 + 3 = 3 + 2$ が成り立つことは，次のように証明することができます。自然数を，文字を使って，交換法則 $a + b = b + a$ と表し，数学的帰納法を用います。自然数の加法における結合法則 $(a + b) + c = a + (b + c)$ が成り立つことを前提としています。

はじめに，$b = 1$ のとき，$a + 1 = 1 + a$ が成り立つことを示します。

(i) $a = 1$ のとき，（左辺）$= 1 + 1 =$（右辺）となります。

(ii) $a = k$ のとき，$k + 1 = 1 + k$ が成り立つと仮定します。

$a = k + 1$ のとき，

（左辺）$= (k + 1) + 1 = (k + 1)'$

（右辺）$= 1 + (k + 1) = 1 + k' = (k + 1)'$ となります。

(i), (ii) より，$a + 1 = 1 + a$ が成り立ちます。

この証明の結果に対して，両辺に b を加えると，$a + 1 + b = 1 + a + b$ が成り立ちます。したがって，$a + 1 = 1 + a$ が成り立つことが示されました。

次に，この結果を基に，$a + b = b + a$ が成り立つことを示します。

(iii) $b = 1$ のとき，$a + 1 = 1 + a$ が成り立つことは，既に示しました。

(iv) $b = k$ のとき，$a + k = k + a$ が成り立つと仮定します。

$b = k + 1$ のとき，

（左辺）$= a + (k + 1)$	$(= a + k')$
$= (a + k) + 1$	$(= (a + k)')$
$= (k + a) + 1$	$(= (k + a)'$ 仮定より）
$= 1 + (k + a)$	（仮定 $a + k = k + a$ より）
$= (1 + k) + a$	（結合法則より）

となります。(iii), (iv) より，$a + b = b + a$ が成り立ちます。

以上より，自然数 a, b の加法における交換法則 $a + b = b + a$ が成り

立つことが示されました。したがって，$2 + 3 = 3 + 2$ が成り立つことが証明できました。一見，自明に思えることも，必要に応じて定義から証明していくことが大切です。もう1つ大切なことは，数学的帰納法は自然数に関する命題の証明のみに使える方法であるということです。

（松嵜昭雄）

2　有理数とは

小学校第3学年の算数教科書には，次のような記述があります。

3 1mのテープを3等分しました。
1こ分の長さは何mといえばよいですか。
また，2こ分の長さは何mといえばよいですか。

㋐　1こ分の長さ

1mの $\frac{1}{3}$ の長さを $\frac{1}{3}$ mとかき，「3分の1メートル」
とよみます。

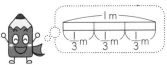

$\frac{1}{3}$ mの3こ分は1mです。

（めあて）　3等分した1こ分の長さをもとに，2こ分の長さの表し方を考えよう。

㋑　2こ分の長さ

$\frac{1}{3}$ mの2こ分を $\frac{2}{3}$ mとかき，「3分の2メートル」
とよみます。

$\frac{1}{3}$ ，$\frac{2}{3}$ のような数を**分数**といいます。

$$\frac{2 \cdots\cdots 分子}{3 \cdots\cdots 分母}$$

（啓林館，わくわく算数3下，42頁）

　算数における有理数の学習では，はしたの数を表現する方法として分数
や小数を導入し，その大小関係や計算方法の探究を通じて，新しい数の理

解を深めます。ここでは、次の2つの課題について数学的に考えます。

---

(1) 自然数の他に、どんな数があれば、いつでもたし算・ひき算・かけ算・わり算が自由にできるようになるでしょうか。

(2) なぜ－1よりも$\frac{1}{2}$や0.3を先に学習するのでしょうか。

（1）　数体系の拡張

　表2-1のように、適当に2つ自然数を選んで、それらの和・差・積・商を計算してみましょう。すると、和と積については、どんな2数を選んでも、計算結果がいつも自然数となりますが、差と商については、計算結果が自然数にならないことがあるとわかります。このよう

表2-1　自然数の四則例

	6と2	5と7
和	8	12
差	4	-2
積	12	35
商	3	$\frac{5}{7}$

に、何らかの数の集合から自由に取り出した2数の計算結果がいつでも、元の集合に含まれる数になるとき、その集合はその計算について「閉じている」といいます。つまり、自然数全体の集合は、加法と乗法について閉じており、減法と除法について閉じていません。

　算数を指導する上で、数の集合が閉じているかどうかを知っておくことは重要です。なぜなら、自然数全体の集合が減法と除法について閉じていないということは、負の数や分数・小数を習う前の小学生が、一部のひき算やわり算の計算ができないことを意味するからです。逆にいえば、5mのリボンを7人で等分する場面や、5℃より7℃低い場面を考えることを通じて、小学生や中学生は、分数・小数、負の数などの、新しい数の必要性を学びます。ここでは、自然数全体の集合に対して新しい数を次々と添加し、加減乗除がいつでもできるよう、数体系を拡張することを学びましょう。

　まずは、いつでも減法ができるようにしましょう。1－1=0なので、数の集合には、0を添加する必要があります。1－2＝－1, 1－3＝－2, …と、自然数同士の減法からは、どんな負の整数でも得ることがで

きるので，数の集合には，すべての負の整数を添加する必要があります。こうして，数の集合には，自然数（正の整数），0，負の整数がすべて含まれることになりました。新しくたくさんの数が増えましたが，整数全体の集合は，加法・減法・乗法それぞれについて閉じています。つまり，新しく添加された数同士の加法・減法・乗法や，新しく添加された数と元々含まれていた数との加法・減法・乗法を考えても，整数以外の数を得ることはできません。

　特に，整数全体の集合においては，$2-5=2+(-5)$ や $(-3)-(-4)=(-3)+4$ というように，減法をすべて加法に置き換えて考えることができます。このときの 5 に対する -5 や，-4 に対する 4 のように，たすと 0 になる数を反数と呼びます。減法を加法と同一視できるようになったことで，数の集合は，加法・乗法だけでなく，減法についても閉じました。

　次に，いつでも除法ができるようにしましょう。今，数の集合は，整数全体の集合となったので，自然数同士の除法のみならず，整数同士の除法はすべて考えなければなりません。例えば，$2 \div 3 = \frac{2}{3}$，$-5 \div 2 = -\frac{5}{2}$，$24 \div (-6) = -4$ なども考えます。0 でない整数 m と，何らかの整数 n の 2 つを用いて，分数 $\frac{n}{m}$ の形で表すことのできる数を有理数と言います。前述の $\frac{2}{3}$ は，代表的な有理数です。$-\frac{5}{2} = \frac{-5}{2}$ と書き換えられるので，$-\frac{5}{2}$ も有理数です。$-4 = \frac{-4}{1}$ と書き換えられるので，整数 -4 も有理数の一種です。このように，整数同士のわり算からは，どんな有理数でも得ることができます。つまり，除法について閉じるために，数の集合には，有理数がすべて含まれていなければなりません。

　こうして，数の集合は，有理数全体の集合となりました。新しくたくさんの数が添加されましたが，有理数全体の集合は，加減乗除いずれについても閉じています。つまり，新しく添加された数同士の加減乗除や，新しく添加された数と元々含まれていた数との加減乗除を考えても，有理数以外の数を得ることはできません。

　ただし，除法について閉じているかどうかを判定するにあたって，5÷

0 や 0 ÷ 0 など，0 で割る計算は除いて考えることにします。そもそもわり算とは，かけ算の逆演算です。□×0 = 5 の□に当てはまる数が，5 ÷ 0 の答えとなるべきですが，何に 0 をかけても 0 になるので，そのような数はありません。答えが 1 つも求められないので，このような場合を不能と呼びます。また，□×0 = 0 の□に当てはまる数が，0 ÷ 0 の答えとなるべきですが，何に 0 をかけても 0 になるので，□にはどんな数でも当てはまってしまいます。答えが 1 つに定まらないので，この場合を不定と呼びます。不能と不定の場合は，そもそも除法を考えられないのです。

有理数全体の集合は，$\frac{1}{2} - \frac{4}{3} = \frac{1}{2} + \left(-\frac{4}{3} \right)$ や $\left(-\frac{2}{5} \right) - \left(-\frac{6}{7} \right) = \left(-\frac{2}{5} \right) + \frac{6}{7}$ というように，整数全体の集合同様に，減法をすべて加法に置き換えて考えることができます。また，有理数全体の集合においては，それだけでなく，$\frac{1}{2} ÷ \frac{4}{3} = \frac{1}{2} × \frac{3}{4}$ や $\left(-\frac{2}{5} \right) ÷ \left(-\frac{6}{7} \right) = \left(-\frac{2}{5} \right) × \left(-\frac{7}{6} \right)$ というように，除法をすべて乗法に置き換えて考えることができます（このときの $\frac{4}{3}$ に対する $\frac{3}{4}$ や，$-\frac{6}{7}$ に対する $-\frac{7}{6}$ のように，かけると 1 になる数を逆数と呼びます）。減法を加法と，乗法を除法と，それぞれ同一視できるようになったことで，数の集合は，加減乗除いずれについても閉じることになりました。こうして，加減乗除すべてについて閉じているように，数の集合を拡張していくと，有理数全体の集合を得ることができました。こうした数体系の拡張が，分数・小数の学習の背景に隠れています。

（2） 分数や小数の意味

前項では，除法について閉じることよりも，減法について閉じることを優先した数体系の拡張を示しました。しかし，負の数を中学校で学ぶより先に，小学校では有理数を学びます。このことは，減法について閉じることよりも，除法について閉じることを優先して数体系を拡張していることを意味します。その場合，自然数全体の集合→正の有理数全体の集合→有理数全体の集合という順序で拡張されることになります。表2-2は，どんな集合がどんな計算について閉じているかを整理したものです。ここでは，小学校・中学校における数体系の拡張がこの順序になっている理由に

ついて学びましょう。

表2-2　数体系の拡張のまとめ

	自然数 全体の集合	整数 全体の集合	正の有理数 全体の集合	有理数 全体の集合
加法	閉	閉	閉	閉
減法	×	閉	×	閉
乗法	閉	閉	閉	閉
除法	×	×	閉	閉

（「閉」は閉じていること，「×」は閉じていないことを表す）

　小学校・中学校における数体系の拡張の順序は，分数・小数の意味理解と密接に関わっています。例えば，子ども達は，分母の異なる分数をたす際，しばしば分母同士・分子同士をそれぞれたしてしまいます（図2-6）。この計算は分数の加法として誤りです。しかしながら，この計算は無意味ではありません。例えば，りんごが5個入ったかごの中から2個，りんごが2個入ったかごの中から1個，それぞれ取り出す場面を考えてみましょう。このとき，5個の内の2つ分と，2個の内の1つ分をたして，結果，7個のうちの3つ分になっていると捉えれば，$\frac{2}{5} + \frac{1}{2} = \frac{2+1}{5+2} = \frac{3}{7}$ と考えることもできます（図2-7）。そのため，有理数を指導するにあたっては，数の集合の拡張を実感させるだけでなく，分数が有理数の表現方法の1つなのだという分数の一般的な意味を正しく理解させることにも留意する必要があります。

　$\frac{2}{5} + \frac{1}{2}$ を例として，有理数の加法の意味を正しく表現したのが図2-8です。ここでは，被加数と加数をお互いにきれいに分割する単位となる大きさを見つけ，単位を合わせています。これは，まさに通分です。正の数を中心に数の集合を拡張することで量に基づいた意味づけが可能となり，違う表記なのに同じ数である場合（$0.2 = \frac{1}{5}$ など）が捉えやすくなると考えられます。

　仮に分数を図2-7のような意味で理解していたとすれば，等しいはずの2数 $\left(\frac{0}{1} = \frac{0}{2}\right)$ に同じ $\frac{1}{2}$ をたしたとき，$\frac{0}{1} + \frac{1}{2} = \frac{1}{3}$ と $\frac{0}{2} + \frac{1}{2} = \frac{1}{4}$ というふうに，異なる結果が得られてしまいます。子ども達の誤りを活か

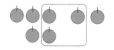 $\dfrac{2}{5}+\dfrac{1}{2}=\dfrac{4}{10}+\dfrac{5}{10}=\dfrac{9}{10}$ ✕ $\dfrac{2}{5}+\dfrac{1}{2}=\dfrac{2+1}{5+2}=\dfrac{3}{7}$

図 2-6　異分母分数の加法

図 2-7　7個中の3つ分

図 2-8 $\dfrac{2}{5}+\dfrac{1}{2}=\dfrac{4}{10}+\dfrac{5}{10}=\dfrac{9}{10}$

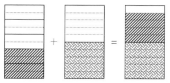

しながら，なぜ誤っているのかの理解を促すことも，正しい理解を導くために有効です。

　一方，小数も表記法の1つです。例えば，3.56の場合，3は1の位の大きさを，5は $\dfrac{1}{10}$ の大きさを，6は $\dfrac{1}{100}$ の大きさを表します。分数がどんな有理数でも表現可能であったのに対し，小数は，$\dfrac{1}{10}$ の位，$\dfrac{1}{100}$ の位，…，と単位量が予め決められた表現です。そのため，通分せずとも簡単に2数の大小比較や加法・減法が実行できるという利点がある一方，$\dfrac{1}{3}$ などを表現する場合は，0.3333… と無限小数を使う必要があります。逆に言えば，無限小数の使用を許すならば，小数は無理数であっても表現できます。算数における無理数としては，円周率が挙げられます。どんな2つの円も互いに相似であることから，円周÷直径の値（比）はどんな円に対しても常に一定であり，その値を円周率と呼びます。円周率は，数学だけでなく自然現象の至る所に現れる重要な定数ですが，無限小数の表現のままでは計算することができないので，小学校ではそのおおよその値として3.14を用います。

　以上のように，数体系の拡大と量に基づく意味の拡張が矛盾なく共存している点を理解することは，数学的に一貫した指導を実践する上で重要です。

（上ヶ谷友佑）

3 最大公約数とは

小学校第5学年の算数教科書には，次のような記述があります。

> 12の約数にも18の約数にもなっている数を，12と18の**公約数**といいます。
> 公約数のうち，いちばん大きい数を**最大公約数**といいます。

12と18の公約数は，
1，2，3，6の4個です。
12と18の最大公約数は6です。

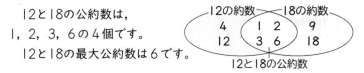

（啓林館，わくわく算数5，107頁）

　最大公約数の学習では，ある自然数の約数全体を1つの集合として捉え，その2つ以上の集合の共通部分の要素を帰納的に探したり，ベン図を用いて視覚的に表したりすることで，整数の性質を探究しています。

　ここでは，次の2つの課題について，数学的に考えていきます。

---

(1) 2つの大きな自然数の最大公約数を手早く見つける方法はあるの
でしょうか。

(2) もしあるならば，その方法はどのような数学的意味をもっている
のでしょうか。

---

(1)　ユークリッドの互除法とその幾何学的意味

　最大公約数を見つける方法としては，数を併置して共通の素因数ですだれ式に割り進む連除法や，素因数分解の後に共通の素因数とその指数で求める方法があります。しかし，このどちらの方法でも，例えば1860と1302のように扱う数が大きくなると素因数を見つけることが困難になってきます。1860は $2 \times 2 \times 3 \times 5 \times 31$，1302は $2 \times 3 \times 7 \times 31$ と素因

数分解できますが，この31という素因数を正攻法で見つけるのは手間がかかります。現代の暗号（例えばRSA暗号）は素因数分解の難しさに基づいていると言っても過言ではありません。そこで手法を変えて，「ユークリッド原論」の第七巻二題で示されている最大公約数の算出法である「互除法」を用いてみましょう。

2	1302 1116	1860 1302	1
	186	558 558	3
		0	

1860 ÷ 1302 = 1 あまり 558　～①

1302 ÷ 558　= 2 あまり 186　～②

558 ÷ 186　= 3 あまり 0　　～③

図 2-9　ユークリッドの互除法

図2-9左の筆算の過程を一式ずつ書き下したのが図2-9右です。まず大きい方の1860を被除数，小さな方の1302を除数としてわり算して，商1と余り558を出します。次に先程は除数であった1302を余り558でわって商2と余り186を出します。整除できる数に辿り着くまでこのプロセスを繰り返すのです。最後に，整除できた数186が最大公約数となります。またaをbでわった商をq，余りをr（$0 \leqq r < b$）とすると$a = bq + r$と表せることに立ち戻ると図2-9右は図2-10左のように表し直せます。そして2つの整数a，bの最大公約数をGCM(a, b)と表すと図2-10右のようにも表せます。

図2-10左の③′より，558は186の倍数だとわかります。同様に，②′より1302が186の倍数，①′より1860も186の倍数だとわかり，186が

1860 = 1302 × 1 + 558　～①′

1302 = 558 × 2 + 186　～②′

558 = 186 × 3 + 0　　～③′

GCM（1860, 1302）

= GCM（1302, 558）

= GCM（558, 186）

= GCM（186, 0）

= 186

図 2-10　GCMの連鎖

1860 と 1302 の公約数であることは素直に理解できます。そして同時に，この過程によって 186 が公約数の中で「最大」であることも示されています。1860 と 1302 の公約数を P とすると，①′ より P は 558 の約数になります。同様に②′ より P は 186 の約数になり，P は 186 以下なので，約数のうち最大であることがわかります。

さて，ここで少し視点を変えて，このユークリッドの互除法を幾何学的に表現してみましょう。図 2-11 のように，1860 と 1302 を長方形の隣り合う辺の長さとして取ると，それらの公約数は，長方形全体を

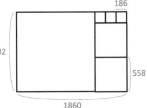

図 2-11 互除法の幾何学的意味

すき間なく敷きつめる正方形の一辺として表すことができ，その最大の正方形の一辺が最大公約数となります。この正方形を求める手順として，まず短い辺 1302 を単位に長い辺 1860 を測り取り，残った 558 × 1302 の長方形においても，同じ操作を繰り返します。こうして，最後に余り無く測り取れた正方形こそが当初の 1860 × 1302 の長方形全体をすき間なく敷きつめる最大の正方形であることがわかります。仮に長方形の 2 辺の長さが互いに素であれば，その長方形全体をすき間なく敷きつめる正方形は 1 × 1 になるわけです。

（2） 互除法と連分数展開のもつ意味

ユークリッドの互除法は世界最古のアルゴリズムであり，共通因数を求めるプログラムとして情報領域における初学者の練習問題として頻繁に用いられています。小学校においてもプログラミング的思考の育成が求められる今日では発展教材としての価値も高いといえるでしょう。また数学的にみれば，単に最大公約数を手際よく求める手法に留まるものではありません。ここでは関連する 2 つの事柄を示すことにします。第一に，互除法は連分数展開による通約可能性の確認であるということです。先述のように，互除法は，原論の第七巻二題で出現しますが，他にも第十巻定義Ⅱにおいて通約不可能量を定める方法として現れてきます。これまで見てきたユークリッドの互除法の過程は，正則連分数展開として表すことができる

のです。具体的には，前例の GCM（1860, 1302）は以下のように展開することができます。

$$\frac{1860}{1302} = 1 + \frac{558}{1302}, \quad \frac{1302}{558} = 2 + \frac{186}{558}, \quad \frac{558}{186} = 3, \quad \frac{1860}{1302} = 1 + \frac{1}{2 + \frac{1}{3}}$$

連分数表現を用いれば，平林（1994）や岩崎（2003）が指摘しているように，小学校算数教材として興味深い内容であるといえます。また与えられた2つの長さが通約不能であるとき，この互除法の過程は無限に繰り返されることになります。例えば，$\sqrt{2}$ と1の最大公約数を互除法で求めていくプロセスを正則連分数展開や幾何学的表現で示すと以下のようになります。

$$\frac{\sqrt{2}}{1} = 1 + \frac{\sqrt{2}-1}{1} = 1 + \frac{(\sqrt{2}-1)(\sqrt{2}+1)}{\sqrt{2}+1}$$
$$= 1 + \frac{1}{1+\sqrt{2}} = 1 + \frac{1}{1+(1+\sqrt{2}-1)}$$
$$= 1 + \frac{1}{2 + \frac{1}{\sqrt{2}+1}} = \cdots$$
$$= 1 + \frac{1}{2 + \frac{1}{2 + \frac{1}{2 + \cdots}}}$$

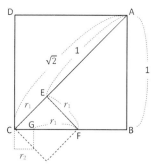

図2-12　連分数展開と幾何学的表現

図2-12のように，一辺1の正方形において，その辺1と対角線 $\sqrt{2}$ の共通単位としての公約数（通約量）を互除法で求めようとしても，対角線の長さを一辺で測る操作を無限に繰り返すことになることがわかります。また図2-12は，正則連分数に展開することを単に互除法のプロセスとして視認するだけではなく，$\sqrt{2}$ の近似値が目的に応じて任意の精度で求められることを意味します。

$$\frac{1}{1} = 1, \quad \frac{3}{2} = 1.5, \quad \frac{7}{5} = 1.4, \quad \frac{17}{12} = 1.4166\cdots, \quad \frac{41}{29} = 1.4137\cdots,$$
$$\frac{99}{70} = 1.4142\cdots$$

図2-13　2の近似値

第二に，ユークリッドの互除法が，小数と分数の本質的な発想の違いを端的に表す内容であることです。連続量aを測定する場合，通常は当初定めた単位e_1では整除できずに，余りr_1が生じます。小数の発想では，この余りr_1を単位e_1の$\frac{1}{10}$単位e_2の導入，即ち単位の精度を上げて測り取ろうとし，さらにその下位単位e_2でも余りr_2が生じるなら，単位e_nの$\frac{1}{10}$の下位単位e_{n-1}を次々に導入し続けるのが基本です。これに対し，分数の発想は単位についての考え方が全く異なります。連続量aを単位e_1で測定する際に余りr_1が生じた場合，この余りr_1で単位e_1を測ります。それでも整除できずに，さらに余りr_2が生じたら，この余りr_2で先の余りr_1を測る，というプロセスを繰り返していきます。これは先程の互除法の発想そのものです。以下，具体例で示してみます。

長さaを単位e_1で測ったら，1つ取れて余りr_1が出た。この余りr_1でe_1を測ったら，2つ取れて余りr_2が出た。この余りr_2でr_1を測ったら，3つ取れて余りは無かった。

$$
\begin{aligned}
a &= e_1 + r_1 \quad \cdots ① \\
e_1 &= 2\,r_1 + r_2 \cdots ② \\
r_1 &= 3\,r_2 \qquad \cdots ③
\end{aligned}
$$

③より，$r_2 = \frac{1}{3} r_1 \cdots ③'$

②及び③′より，$e_1 = 2r_1 + \frac{1}{3} r_1 \Leftrightarrow r_1 = \frac{3}{7} e_1 \cdots ②'$

①及び②′より，$a = e_1 + \frac{3}{7} e_1 = \frac{10}{7} e_1$

よって，aはe_1を単位として，$\frac{10}{7}$であることがわかります。以上の過程は図2-14のように図示できます。

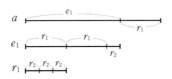

図2-14 分数の発想

このように，小数は単位を固定しており，2量を差で較べる場合，即ち加法や減法をする上で便利な表記といえます。これに対して分数は，共通測度を求めて単位を相対化するので2量を割合で比べる場合，即ち乗法や除法をする上で便利な表記といえるでしょう。例えば小学校第6学年では

分数と小数が混じった計算の仕方を学びますが，無限小数になることを避ける上で「分数にそろえる」指導がなされています。しかしその形式的な理解は必ずしも上策ではありません。例えば，$\frac{3}{5}+0.25$，$\frac{3}{5}\times 0.25$ の計算を行う場合を考えてみます。図 2-15 の左右を見比べればその計算過程の容易さの程度は明白です。

$$\begin{aligned}\frac{3}{5}+0.25&=\frac{3}{5}+\frac{1}{4}\\&=\frac{12}{20}+\frac{5}{20}\\&=\frac{17}{20}\end{aligned}$$

$$\begin{aligned}\frac{3}{5}\times 0.25&=\frac{3}{5}\times\frac{1}{4}\\&=\frac{3}{20}\end{aligned}$$

$$\begin{aligned}\frac{3}{5}+0.25&=0.6+0.25\\&=0.85\end{aligned}$$

$$\frac{3}{5}\times 0.25=0.6\times 0.25$$

$$\begin{array}{r}0.6\\ \times 0.25\\ \hline 30\\ 12\\ \hline 0.15\not{0}\end{array}\qquad 0.15$$

図 2-15　分数と小数の計算過程

つまり「分数と小数の混じった式は分数にそろえる」と硬直して思い込まずに，有理数の表現形式としての分数と小数の本質を知ることによって，演算の種類や数の特徴に応じてそろえる形式を自在にできる数や演算の感覚をもつことが大切です。

（小原　豊）

第2章　教員採用試験問題

(1)　504以下の自然数のうち，504との最大公約数が1であるものは全部で何個ありますか。

（2013年度横浜市教員採用試験問題　改）

(2)　5 ÷ 7を計算したとき，商の小数第23位を求めなさい。

（2015年度東京都教員採用試験問題　改）

(3)　小数と分数の大小比較についての学習を行う際に，どのような数学的活動を行うべきであるか，具体的に書きなさい。

（2019年度広島県教員採用試験問題　改）

(4)　縦70cm，横112cmの長方形を紙から切り取れる一番大きな正方形をできるだけ多く切り取り，その残った部分の長方形からまた一番大きな正方形を切り取っていく。この操作を次々続けていったときにできる，一番小さな正方形の1辺の長さを求めよ。

（2009年度東京都小学校教員採用試験問題　改）

演算と表記について

この章では，演算と表記の数学的背景として，演算と図示，あまりによる分類，数の位取りについて明らかにします。

1 図による演算とは

小学校第6学年の算数教科書には，次のような記述があります。

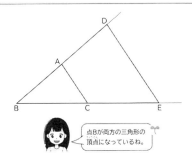

> **1** 下のように形が同じ2つの三角形をかきました。
> 三角形ABCを2倍に拡大すると三角形DBEになり，
> 三角形DBEを $\frac{1}{2}$ に縮小すると三角形ABCになります。
> どのようにして，拡大図や縮図をかいたかを考えましょう。

点Bが両方の三角形の頂点になっているね。

（啓林館，わくわく算数6，136頁）

2倍の拡大図を作図する場合は，「図形の1つの頂点を決め，その点からの距離を2倍にのばす」というかき方で作図します。ここでは，次の2つの課題について，数学的に考えていきます。

---

(1) 四則演算は定規とコンパスでどのように作図できるのでしょうか。
(2) これらの作図には，どのような知識が用いられているのでしょうか。

（1）　加法と減法の作図

　図 3-1 のように線分 OP の長さを 1 と決めれば，それに伴い例えば 3 や 5 の大きさに対応した長さが決まることになります。したがって，図 3-2 のように半直線 OQ 上に線分 OP の 3 個分の長さの線分 OA をとり，さらに続けて 5 個分の長さの線分 AB をとれば，線分 OB がそれらの和である線分 OP の 8 個分を表すことになります。つまり，$3 + 5 = 8$ が，図では OA ＋ AB ＝ OB として表されます。文字 a, b $(a > 0, b > 0)$ を使って表すと，加法 $a + b$ は図 3-3 の線分 OB の長さとして作図することができます。

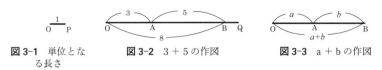

図 3-1　単位となる長さ　　**図 3-2**　3 ＋ 5 の作図　　**図 3-3**　a ＋ b の作図

　減法も同様に考えて，例えば $8 - 3$ は，図 3-4 の線分 OB の長さとして表すことができます。つまり，$8 - 3 = 5$ が，図では OA － AB ＝ OB として表されることになります。文字 a, b $(a > b > 0)$ を使って表すと，減法 $a - b$ は図 3-5 の線分 OB の長さとして作図することができます。

図 3-4　8 － 3 の作図　　　　　**図 3-5**　$a - b$ の作図

（2）　乗法と除法の作図

　乗法の場合，例えば，$3a$ のように $a + a + a$ と累加で表される場合は，加法を繰り返す方法で表現できます。ここでは，文字 a, b $(a > 0, b > 0)$ を使って表された積 ab の場合について考えます。積 ab を面積図で表すのではなく，長さとして表現する作図方法をいろいろ考えます。

　$x = ab$ とおき，$x \times 1 = a \times b$ と考えれば，これは $a : x = 1 : b$ と表すことができます。そこで，この比を基に作図方法を考えてみましょう。

　相似な三角形は，図 3-6 のような方法で作図します。図 3-6 では，はじめに 2 辺の長さが $a, 1$ の△ ABC をつくっておき，△ ABC の辺 AC の

延長線上に点 A からの長さが b となる点 D をとり，点 D を通り辺 CB に平行な直線と直線 AB との交点を E としています。このとき△ ABC ∽△ AED となるので，$a : x = 1 : b$，つまり $x = ab$ となり，辺 AE の長さ x が a と b の積 ab を表していることになります。点 A を共通の頂点として相似な三角形をつくっているところは，この節の冒頭で示した小学校第 6 学年の算数教科書の例と同じです。また点 C を共通の頂点として相似な三角形をつくれば，図 3-7 のような作図方法があります。図 3-7 では，AB ∥ DE として点 E を決め，△ ABC に相似な△ DEC をつくっており，辺 DE の長さ x が積 ab となっています。

　他にも頂点を共有する相似な三角形をつくる例としては，図 3-8 や図 3-9 のような方法が考えられます。図 3-8 では，BC ∥ DE として点 E を決め，△ ABC に相似な△ AED をつくっており，辺 AE の長さ x が積 ab となっています。また図 3-9 でも，AB ∥ DE として点 E を決め，△ ABC に相似な△ DEC をつくっており，辺 DE の長さ x が積 ab となっています。

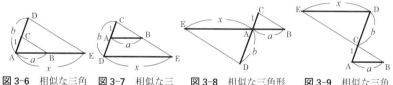

図 3-6　相似な三角形（頂点 A 共有）　**図 3-7**　相似な三角形（頂点 C 共有）　**図 3-8**　相似な三角形（頂点 A 共有）　**図 3-9**　相似な三角形（頂点 C 共有）

　円を活用して相似な三角形を作図することもできます。図 3-10 では，辺 BC と線分 CD の垂直二等分線の交点 O を中心として点 B, C, D を通る円を描き，直線 AC との交点 E を決めています。このとき△ ABC ∽△ AED となるので，辺 AE の長さ x が積 ab になります。図 3-11 では，辺 BC と線分 BD の垂直二等分線の交点 O を中心として点 B, C, D を通る円を描き，直線 AC との交点 E を決めています。このとき四角形 BDEC は円に内接する四角形なので∠ CED = ∠ CBA となることから，△ ABC ∽△ AED となるので，辺 AE の長さ x が積 ab になります。

　これらの乗法の作図において，a と b としたところを a と a とすれば，a^2 の長さをつくることもできます。

図 3-10 円内に相似な三角形の作図

図 3-11 円に内接する四角形を用いた相似な三角形の作図

　除法の場合も同様に相似な三角形を利用する方法が考えられます。例えば $a:y=b:1$ という比を考えると，$y=\dfrac{a}{b}$ となります。図3-12のように $a, b, 1$ に対応する長さをとり，BC∥DE となる点 E をとると，△ABC ∽ △AED となり，$a:y=b:1$，つまり $y=\dfrac{a}{b}$ となります。点 A を共通の頂点として相似な三角形をつくっているところは，本節冒頭で紹介した第 6 学年の算数の教科書の例と同じです。図3-13 も AB∥DE として点 E を決め，△ABC に相似な△DEC をつくっており，辺 DE の長さ y が $\dfrac{a}{b}$ となっています。図3-14 では，BC∥DE として点 E を決め，△ABC に相似な△AED をつくっており，辺 AE の長さ y が $\dfrac{a}{b}$ となっています。図3-15 も AB∥DE として点 E を決め，△ABC に相似な△DEC をつくっており，辺 DE の長さ y が $\dfrac{a}{b}$ となっています。他にも図3-16 や図3-17 のように円を活用した作図方法が考えられます。ともに点 B, C, D を通る円を描き，直線 AC との交点 E を決めています。辺 AE の長さ y が $\dfrac{a}{b}$ になります。このように乗法と除法の作図は，「相似な三角形」で構

図 3-12 相似な三角形（頂点 A 共有）

図 3-13 相似な三角形（頂点 C 共有）

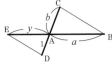

図 3-14 相似な三角形（頂点 A 共有）

図 3-15 相似な三角形（頂点 C 共有）

図 3-16 円内に相似な三角形の作図

図 3-17 円に内接する四角形を用いた相似な三角形の作図

成されている比の関係を利用することによって可能になります。

　他にも，例えば $2a$ や $\frac{a}{2}$ であれば，「中点連結定理」を利用した方法として図 3-18 や図 3-19 のような作図を考えることができます。図 3-18 では，任意の点 P を決め，PC=2PA, PD=2PB となる点 C, D をとり，線分 CD の長さとして $2a$ をつくっています。図 3-19 では，任意の点 P をとり，線分 AP, BP のそれぞれの中点 C, D をとり，線分 CD の長さとして $\frac{a}{2}$ をつくっています。

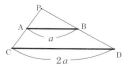

図 3-18　中点連結定理を活用した　　**図 3-19**　中点連結定理を活用した a
$2a$ の長さの作図　　　　　　　　　　　の半分の長さの作図

（3）　3 分の 1 の作図など

　長さ a の線分を基に，$\frac{a}{3}$ の長さを作図する方法を考えてみましょう。

　「相似な三角形」をつくる方法としては，図 3-20 のような作図が考えられます。図 3-20 では，任意の点 P を決め，BC ＝ 2BP となる点 C をとり，BC ∥ AD, AD ＝ BP となる点 D をとり，点 C と点 D を結んでいます。このとき，線分 CD と線分 AB との交点を E とすると，△ ADE ∞△ BCE となり，線分 AE の長さが $\frac{a}{3}$ となります。「三角形の重心」を利用する方法としては，図 3-21 のような作図が考えられます。図 3-21 では，任意の点 P を決め，PC ＝ 2PA となる点 C をとって，線分 PB の中点 D と点 C を結んでいます。このとき，線分 AB と線分 CD の交点を E とすると，点 E は△ PCB の重心になっており，線分 AE の長さが $\frac{a}{3}$ となります。「三角形の角の二等分線と比」を利用する方法としては，図 3-22 のような方法が考えられます。図 3-22 では，任意の長さを半径として点 A を中心に描いた円と，その長さの 2 倍の長さを半径として点 B を中心に描いた円との交点を C とし，∠ ACB の二等分線と線分 AB の交点を D としています。このとき，AD : DB ＝ AC : CB つまり AD : DB ＝ 1 : 2 となるので，線分 AD の長さが $\frac{a}{3}$ となります。

図 3-20 相似な三角形を利用した作図

図 3-21 三角形の重心を利用した作図

図 3-22 角の二等分線と比を利用した作図

　また，「等間隔に引いた 4 本の平行線」を利用する方法としては，図 3-23 のような作図が考えられます。図 3-23 では，直線 ℓ 上に点 A の位置を決め，点 A を中心に半径 a の円を描き，直線 m との交点を B とし，線分 AB と直線 n との交点を C とします。線分 AC の長さは $\frac{a}{3}$ となります。この方法を活用すると，等間隔の平行線の数を増やすことによって，線分を 5 等分，7 等分，10 等分など様々に等分することができます。

　最後に，$\sqrt{2}$ や $\sqrt{3}$ のような無理数の作図方法を考えてみましょう。

　「三平方の定理」を利用すると，図 3-24 のように，辺 AB，BC の長さをともに 1 とする直角二等辺三角形 ABC をつくると，斜辺 AC の長さが $\sqrt{2}$ となります。さらに，AC ⊥ CD となる長さ 1 の線分 CD を引くと，直角三角形 ACD の斜辺 AD の長さが $\sqrt{3}$ となります。「直径に対する円周角が直角である」ことを利用すると，図 3-25 のように $a + b$ の長さの線分 AC の中点 O を中心に半円を描き，AC ⊥ BD となる点 D を円周上にとると，△ ABD と△ DBC が相似な直角三角形になるので，線分 BD の長さ x が $\sqrt{ab}$ になります。a を 1 として b を 2 や 3 にすると，x は $\sqrt{2}$ や $\sqrt{3}$ になります。

図 3-23 平行線を利用した a の 3 分の 1 の作図

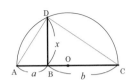

図 3-24 無理数（2 と 3 の平方根）の作図　**図 3-25** 半円を利用した ab の平方根の作図

　定規とコンパスを用いて四則演算を線分の長さとして作図する学習は，代数的な考えと幾何学的な考えを結びつけるのに効果があります。

（中込雄治）

2　あまりによる分類とは

小学校第5学年の算数教科書には，次のような記述があります。

整数は，下のように考えて，2つの組に分けることができます。

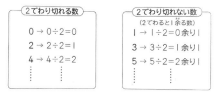

整数は，偶数と奇数に分けることができます。

（啓林館，わくわく算数5，101頁）

　整数を偶数と奇数に分ける際の観点は，実は「あまり」にあります。この「あまり」に基づいて分けるという考え方は様々な日常場面で応用されています。ここでは，次の2つの課題について数学的に考えていきます。

（1）「あまり」に基づいて分けるとはどういうことなのでしょうか？

（2）「あまり」を活用すると，どのような計算ができるのでしょうか？

（1）　類別と合同

　子どもは，第4学年で，被除数・除数・商・あまりの間の関係を調べ，整数を次のような式の形に表すことを学んでいます。

　　　（被除数）＝（除数）×（商）＋（あまり）

　整数をあまりに基づいて偶数と奇数に分けるとき，0は0÷2＝0であまりが0になるので偶数です。第5学年で学ぶ整数は負の数が含まれな

い非負整数ですが，負の数を含む整数も同様に偶数と奇数に分けられます。

$$\boxed{-1} \div 2 = -1 \text{ あまり } 1 \qquad \boxed{-2} \div 2 = -1$$

$$\boxed{-3} \div 2 = -2 \text{ あまり } 1 \qquad \boxed{-4} \div 2 = -2$$

$$\boxed{-5} \div 2 = -3 \text{ あまり } 1 \qquad \boxed{-6} \div 2 = -3$$

　あまりに基づいて類別するという方法は，2でわることに限りません。例えば，十二支は年齢を12でわったあまりで，曜日は日数を7で割ったあまりで類別できます。小学校学習指導要領第5学年の「A（1）整数の性質」において，「ア 整数は，観点を決めると偶数，奇数に類別されることを知ること」と書かれています。類別とは，集合を，同値な要素同士を1つの組にまとめ，いくつかの組に分けることです。つまり，ある数（法）でわって，あまりが同じである整数同士を1つの仲間と考えて，それを1つの集合とすると，整数はいくつかの排反な集合に分けられます。例えば，上で述べたように整数を2でわった場合は，あまりは0と1なので，整数は2つの集合，偶数の集合と奇数の集合に分けられます。同様に，整数を自然数 n でわると，あまりは0から $n-1$ までの n 個になりますので，整数は n 個の集合に分けられます。各々の集合は排反，つまり共通な部分をもちません。それらの集合を剰余類といいます。整数を自然数 n でわったとき，あまりが同じである整数同士を仲間といいましたが，数学では「それらは n を法として合同である」といいます。数学者ガウスは，合同を次のように定めました。

　整数 a，b を自然数 n でわったとき，a，b のあまりが等しく r であり，それぞれの商が p，q であったとすると，$a = np + r$，$b = nq + r$ と表すことができます。このとき，2つの整数 a，b の差 $a - b$ は，

$$a - b = (np + r) - (nq + r) = np - nq + r - r = n(p - q)$$

となり，$a - b$ は n の倍数になります。このとき，a は n を法として b と合同であるといい，以下のように表します。

$$a \equiv b \pmod{n} \quad \text{または} \quad a - b \equiv 0 \pmod{n}$$

　合同という用語は，上で述べたように整数論等の代数学で使う場合と幾

何学で使う場合がありますが混同しないことが大切です。幾何学としての合同は第5学年で学びますが，平面図形の性質に限った内容になります。2つの図形 F は F' がぴったり重なり合うとき，$F \equiv F'$ と表されます。同じ合同という用語が用いられていますが，剰余類で用いられる合同は倍概念で定義されています。図形における合同は，回転移動，平行移動，線対称移動による図形の変換から定義されています。この合同（$\equiv$）は，相等（$=$）と同様に反射律：$a \equiv a \pmod{n}$，対称律：$a \equiv b \Rightarrow b \equiv a \pmod{n}$，推移律：$a \equiv b,\ b \equiv c \Rightarrow a \equiv c \pmod{n}$ の関係を満たしています。

（2） 合同式と演算

偶数と奇数では2を法としますので，整数は次のように，0と合同である偶数の集合 $K(0)$ と，1と合同である奇数の集合 $K(1)$ の2つの集合，つまり2つの剰余類に類別できます。

$$K(0) = \{x \in \mathbf{Z} \mid x \equiv 0 \pmod{2}\}$$
$$K(1) = \{x \in \mathbf{Z} \mid x \equiv 1 \pmod{2}\}$$

また，曜日は7を法として，次の7つの剰余類に類別できます。ただし，$K(a)$ は，$a = 0,\ 1,\ \cdots,\ 6$ を曜日とし，その曜日に属する日の集合を表します。ここでは，$K(0)$ を日曜日として考えてみます。

$$K(0),\ K(1),\ K(2),\ K(3),\ K(4),\ K(5),\ K(6)$$

このようにある基準から整数を排反な集合に類別していくことのよさは周期性のある事象を捉えていく際に実感できます。例えば，ある年の1月1日が日曜日で $K(0)$ に属するならば，翌年の同日は何曜日になるのかを調べてみましょう。この場合の $K(0)$ は月日の累積日数を7で除したとき，あまりが1になる月日が属しています。1年後とは365日後ですので，7でわるとあまりが1になるため，$K(0)$ は1ずれて翌年の1月1日は $K(1)$ に属し，月曜日であることがわかります。こうした，何をどのような観点から同じとみなすのかといった見方は，プログラミング教育にも活かされることでしょう。

この合同（$\equiv$）は，相等（$=$）と同様に次の演算ができます。ただし，$a,\ b,\ c,\ d,\ k$ を整数，$a \equiv b \pmod{n}$，$c \equiv d \pmod{n}$ とします。

移　項：$a \pm k \equiv b \pm k \pmod{n}$　　　定数倍：$ka \equiv kb \pmod{n}$

加　法：$a + c \equiv b + d \pmod{n}$　　　減　法：$a - c \equiv b - d \pmod{n}$

乗　法：$ac \equiv bd \pmod{n}$

　未知数を含む合同式は，方程式のときと同じように解くことができます。例えば，$x + 5 \equiv 7 \pmod{8}$ は，左辺から右辺に5を移項して，$x \equiv 7 - 5 \pmod{8}$ になるため，$x \equiv 2 \pmod{8}$ になります。この式が正しいことは合同の定義から説明できます。合同式の加法・減法・乗法は数の演算のように計算できますが，除法は簡単には計算できません。例えば，$9 \cdot 2 \equiv 12 \cdot 2 \pmod{6}$ が，$9 \equiv 12 \pmod{6}$ とはならないように，$ac \equiv bc \pmod{n}$ であるとき，$a \equiv b \pmod{n}$ が成り立たない場合があります。$ac \equiv bc \pmod{n}$ の両辺の c をわれるのは，GCM $(c,\ n) = 1$，c と n が互いに素であるときに限られます。

　累乗についても，$a \equiv b \pmod{n}$ であるとき，累乗：$a^m \equiv b^m \pmod{n}$ の関係が成り立ちます。乗法により，$a \equiv b \pmod{n}$ の両辺をそれぞれかけることで，$a^m \equiv b^m \pmod{n}$ が得られるからです。また，乗法に関しては，n を素数とし，a が n を法にして 0 と合同でない数であるとき，次の①は②のいずれかと n を法として合同となる（順序を除いて一致する）ことがわかります。

$$a,\ 2a,\ 3a,\ \cdots,\ (n-1)a \quad \cdots①$$
$$1,\ 2,\ 3,\ \cdots,\ (n-1) \qquad \cdots②$$

　この定理を用いれば，a を整数，n を素数とし，a が n を法として 0 と合同でないとき，$a^{n-1} \equiv 1 \pmod{n}$ が成り立ちます。これは「フェルマーの小定理」と呼ばれる初等整数論の有名な定理です。この「フェルマーの小定理」をはじめ，合同式とその演算の考えは，現在ではインターネットにおける通信の暗号化に使われている公開鍵暗号系の基本になっています。量子コンピュータの出現でその安全性は脅かされつつありますが，数学が実社会の思わぬところに活かされている興味ある例です。

（北島茂樹）

3 数の位取りとは

小学校第4学年の算数教科書には，次のような記述があります。

> 一億の位 の1つ左は 十億の位 です。
> 前のページの世界の国々の人口をよみましょう。
> また，下の表にかきましょう。

	十億の位	一億の位	千万の位	百万の位	十万の位	一万の位	千の位	百の位	十の位	一の位
中国	1	2	4	2	6	1	2	2	6	
インド										
アメリカ										
ブラジル										

（啓林館，わくわく算数4，40頁）

1億を超える数の学習では，億や兆の単位が導入され，それを読んだり漢数字で表現したりします。それらの学習を通して，位が上がったり下がったりする数の表し方について理解を深めていきます。

ここでは，次の2つの課題について，数学的に考えていきます。

---

(1) 数は，どのような規則によって表示されているのでしょうか。

(2) 数の表示の規則を変えた場合，どのように計算するとよいのでしょうか。

---

(1) p進位取り記数法

日常使われている数は十進法と位取り記数法によって表されています。十進法は，10集まると，それをひとまとめとして位を上げるという数の表記方法です。位取り記数法は，数字を書く位置によって数の大きさを表す方法です。これらをまとめて十進位取り記数法といいます。例えば，12345は次のように表すこともできます。

$$1 \times 10^4 + 2 \times 10^3 + 3 \times 10^2 + 4 \times 10^1 + 5 \times 10^0$$

位取り記数法には，0，1，2，3，4，5，6，7，8，9の10個の記号のみで数を表せるという特徴があります。これはローマ数字や漢数字による表記と比較することで，その利点がよくわかります。

漢数字やローマ数字は，数の表記に用いる記号すべてに意味があり，その組み合わせによって数を表します。ローマ数字で表記する場合，I，V，X，L，C，D，Mなどの記号を用います。これらの記号はそれぞれ順に1，5，10，50，100，500，1000を意味しており，それの加法・減法によって数を表現します。例えば，143は「CXLⅢ」と表します。現在，ローマ数字で1つの数を表現する際，同じ記号を4回以上続けることはできません。そのため，40を「XL」と表現しますが，10を表す「X」と，50を表す「L」を用いて40を「L‐X」，つまり「50‐10」と表現します（図3-26）。

漢数字では，加法と乗法を用いて数を表現します。143は「百四十三」と表現しますが，これは図3-27のような構造になっています。

これらの表記で共通しているのは，位が上がるごとに新しい記号が必要となることです。漢数字なら，「一」から1つ位が上がると「十」，

C ＋ XL ＋ Ⅲ
100 (50-10) 3

図 3-26 ローマ数字

百 ＋ 四十 ＋ 三
100 10×4 3

図 3-27 漢数字

さらに位が上がると「百」，「千」，「万」…と次々に新たな記号を用いることで大きな数を表します。ローマ数字も同様で，表3-1のように3999までしか表すことができません。少ない記号とその位置のみで数を表せることに位取り記数法のよさがあります。

表 3-1　ローマ数字による数の表記

一の位		十の位		百の位		千の位	
1	I	10	X	100	C	1000	M
2	II	20	XX	200	CC	2000	MM
3	III	30	XXX	300	CCC	3000	MMM
4	IV	40	XL	400	CD		
5	V	50	L	500	D		
6	VI	60	LX	600	DC		
7	VII	70	LXX	700	DCC		
8	VIII	80	LXXX	800	DCCC		
9	IX	90	XC	900	CM		

　世界で最もよく用いられる十進法ですが，10 を単位とすることに数学的な必然性があるわけではありません。10 を単位としているのは，人間の指が 10 本あるからだといわれています。例えば，$\frac{1}{3}$ 時間や $\frac{1}{4}$ 年などを考えた場合，12 や 60 を単位としたほうが便利であり，10 以外の数を 1 つのまとまりとすることもできます。ここでは，コンピュータなど，情報の世界でよく用いられる二進法を例に考えます。十進法であれば 10 個の記号で数を表せたように，二進法であれば 0 と 1 の 2 個の記号があれば数を表すことができます。十進法であれば 10 ずつ束ねるので，「$1 \times 10^2 + 4 \times 10^1 + 3 \times 10^0$」を143 と表します。同様に二進法において 2 ずつ束ねることを考えると，次のように表すことができます。

$$a \times 2^n + b \times 2^{n-1} + \cdots + f \times 2^2 + g \times 2^1 + h \times 2^0$$

$143 \div 2$	$=$	71　あまり 1 …①	
		2^0 のまとまり	
$71 \div 2$	$=$	35　あまり 1 …②	
		2^1 のまとまり	
$35 \div 2$	$=$	17　あまり 1 …③	
		2^2 のまとまり	
$17 \div 2$	$=$	8　あまり 1 …④	
		2^3 のまとまり	
$8 \div 2$	$=$	4　あまり 0 …⑤	
		2^4 のまとまり	
$4 \div 2$	$=$	2　あまり 0 …⑥	
		2^5 のまとまり	
$2 \div 2$	$=$	1　あまり 0 …⑦	
		2^6 のまとまり	
$1 \div 2$	$=$	0　あまり 1 …⑧	
		2^7 のまとまり	

10001111（二）

図 3-28　二進法での 143 の表し方

　143 を二進法で表すと図 3-28 のようになります。まず，$143 \div 2$ を計算し，2^1 のまとまりを作ります（①）。商が 71 で，2^1 のまとまりが 71 個

あるとわかります。このときのあまり 1 は，2^1 で束ねることができなかった数，つまり 2^0 を表しています。次に，その 2^1 のまとまりをさらに 2 ずつ束ねると，2^2 のまとまりが 35 個できます（②）。ここでのあまりは 2^1 のまとまりを指します。これを繰り返すと，2^3，2^4，2^5，2^6，2^7 のまとまりが，それぞれ 17 個（③），8 個（④），4 個（⑤），2 個（⑥），1 個（⑦）できます。2^8 はできないので 0 個になります（⑧）。最後に，これらを大きい位である 2^7 から順に並べて 10001111 と書き，末尾には二進法である記号「（二）」を書きます。10001111（二）は次のようにも表せます。この式を計算すると二進法で表された数を十進法で表すことができます。

$$1 \times 2^7 + 0 \times 2^6 + 0 \times 2^5 + 0 \times 2^4 + 1 \times 2^3 + 1 \times 2^2 + 1 \times 2^1 + 1 \times 2^0$$

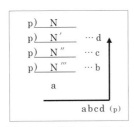

図 3-29 p 進法での表し方

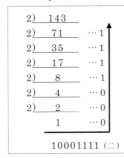

図 3-30 二進法での表し方

十進法で表された正の整数 N を p 進法の数で表すには，図 3-29 のように N を p でわり，そのあまり d を右側に書きます。それを繰り返し，商がわる数よりも小さくなったところで終えます。これにより出てきた $abcd$ を下から，つまり，より大きな位から順に並べて書くと，N を p 進法で表記した数になっています。先ほど例として挙げた 143 を，この方法により二進法で表すと，図 3-30 のようになります。

これらの表記を変えてみることで，数の性質を再確認できます。例えば，十進法では，一の位が 0，2，4，6，8 ならば偶数，1，3，5，7，9 ならば奇数と判断できます。これを三進法の 11（三）を例に考えてみます。11（三）は $1 \times 3^1 + 1 \times 3^0 = 4$ なので偶数です。12（三）なら，$1 \times 3^1 + 2 \times 3^0 = 5$ なので奇数です。整理すると，表 3-2 のようになります。ここで注目すべきは，十進法ならば一の位が 2 の数はすべて偶数となるのに対し，三進法では一の位が 2 であっても奇数の場合があるということです。2 でわり切れる数であるか否かという定義に戻って判断することが重要です。

表 3-2　十進法と三進法における偶奇性

	奇	偶	奇	偶	奇	偶	奇	偶	奇	偶	奇	偶
十進法	1	2	3	4	5	6	7	8	9	10	11	12
三進法	1	2	10	11	12	20	21	22	100	101	102	110

図 3-31　三進法における表記に着目した偶数・奇数の判断

　もしも，三進法の表記で判断しようとするのであれば，各位の数の和が偶数ならばその数は偶数となり，和が奇数であれば奇数と考えることができます（図 3-31）。十進法と十進法以外の表示方法を比べると，十進法の位取りの意味や特徴がより明確になります。

（2）p 進法の計算

　p 進法において 0 から（p-1）までの p 個が集まると位が上がると考えれば，十進法と同じ要領で計算することができます。例えば，二進法における加法「1111＋101＋10」は次のように計算します。表 3-3 のように，2 のまとまりができると繰り上がることに注意しながら計算すると，答えは 10110（二）だとわかります（図 3-32）。減法（図 3-33），乗法（図 3-34），除法（図 3-35）も繰り上がりや繰り下がりに気をつければ，十進法における計算と同じ要領で計算できます。

表 3-3　二進法における加法

＋	0	1
0	0	1
1	1	10

```
  1 1 1 1
    1 0 1
+    1 0
1 0 1 1 0
```

図 3-32　二進法における加法

　これらの計算を用いれば，p 進法で表された数を，十進法を経由せず，q 進法（q は自然数）での表記に変えることができます。例えば，五進法で表した 1033（五）を二進法に変えることを考えてみます。十進法の 5 は二進法では 101（二）で，十進数の 3 は二進法では 11（二）なので，「$1 \times 101^3 + 0 \times 101^2 + 3 \times 101^1 + 3 \times 101^0$」（二）と表せます。これを二進法で計算すると答えは 10001111（二）になります（図 3-36）。

$$
\begin{array}{r}
100101 \\
-1011 \\
\hline
11010
\end{array}
\qquad
\begin{array}{r}
1101 \\
\times101 \\
\hline
1101 \\
1101 \\
\hline
1000001
\end{array}
\qquad
\begin{array}{r}
1011 \\
101)\overline{110111} \\
101 \\
\hline
111 \\
101 \\
\hline
101 \\
101 \\
\hline
0
\end{array}
$$

図 3-33 二進法における　　**図 3-34** 二進法における　　**図 3-35** 二進法に
　　　　　減法　　　　　　　　　　　　　乗法　　　　　　　　　　　　おける除法

$$
\begin{aligned}
1033(五) &= 1 \times 5^3(十) + 0 \times 5^2(十) + 3 \times 5^1(十) + 3 \times 5^0(十) \\
&= 1 \times 101^3(二) + 0 \times 101^2(二) + 3 \times 101^1(二) + 3 \times 101^0(二) \\
&= 1 \times 1111101(二) + 0 \times 11001(二) + 3 \times 101(二) + 3 \times 1(二) \\
&= 1 \times 1111101(二) + 0 \times 11001(二) + 11 \times 101(二) + 11 \times 1(二) \\
&= 1111101(二) + 1111(二) + 11(二) \\
&= 10001111(二)
\end{aligned}
$$

図 3-36　1033(五) を二進法表記にする計算

　二進法や五進法で表した数の計算方法と，十進法での計算を比べると，指標は異なりますが，数の構造や計算の原理は同じだとわかります。

（枝廣和憲）

第3章　教員採用試験問題

(1) 二進法 11101 と四進法 10311 を三進法で表せ。

（2017 年度神奈川県教員採用試験問題　改）

(2) 二進法で表された数 0.111 を十進法で表すと 0. ㋐ ㋑ ㋒ となる。
空欄ア，イ，ウに適当な数字を記入せよ。

（2017 年度神奈川県教員採用試験問題　改）

(3)　ある月の日曜日のうち，偶数の日付が 3 日間あった。この月の 17 日の曜日として正しいものを①〜④から選び，番号で答えよ。
①金曜日　②土曜日　③日曜日　④月曜日

（2018 年度神戸市教員採用試験問題　改）

(4) 西暦 2020 年 7 月 23 日は木曜日です。30^{30} 日後は何曜日になりますか。

（2008 年度広島県小学校教員採用試験問題　改）

第4章

図形について

　この章では，「図形」領域における数学的な背景である，正多角形と対称軸，合同，立体図形について明らかにします。

1　線対称とは

　小学校第6学年の算数教科書には，線対称について次のような記述があります。

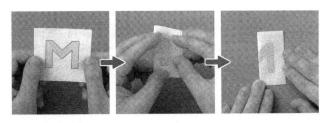

> | 本の直線を折り目にして折ったとき，折り目の両側がぴったり重なる図形は，**線対称**であるといいます。
> また，その折り目にした直線を，**対称の軸**といいます。
>
> 対称の軸

（啓林館，わくわく算数 6, 14 頁）

　線対称・点対称の学習においては，対称という観点から既習の基本図形を見直していきます。教科書では，「ぴったり重なる」という表現で線対称や点対称を表しています。

　ここでは，次の2つの課題について，数学的に考えていきます。

（1）「ぴったり重なる」とはどういうことなのでしょうか。

（2）線対称や点対称は立体図形においても成り立つのでしょうか。

（1） 対称変換

　線対称や点対称の学習においては，紙を折ったり重ねたりして視覚的に「ぴったり重なる」ことを確認させます。ここ
での「対称」とは，図形に対して，ある操作を
行っても，全体的な形が元の図形と変わらない
ことをいいます。

　図形を移動し，ぴったりと重なるということ
を代数的な方法から考えてみましょう。図4-1
に示す正方形は，線対称の図形です。例えば，

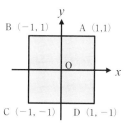

図4-1 座標平面上の正方形

x軸に関する線対称ならば，ぴったりと重なるとは，点A$(1, 1)$，B$(-1, 1)$がそれぞれ点D$(1, -1)$，C$(-1, -1)$に移されることです。一般に，点または図形を，それと対称な点または図に移すことを対称移動といいます。また，点P(x, y)を点P$'(x', y')$に対応させる規則を変換といいます。対称変換は，変換を表す行列を用いて次のように表せます。

$$\begin{pmatrix} x' \\ y' \end{pmatrix} = \begin{pmatrix} a\ b \\ c\ d \end{pmatrix} \begin{pmatrix} x \\ y \end{pmatrix}$$

x軸に関する対称変換は，

$$\begin{pmatrix} x' \\ y' \end{pmatrix} = \begin{pmatrix} 1 & 0 \\ 0 & -1 \end{pmatrix} \begin{pmatrix} x \\ y \end{pmatrix}$$

で表せます。

$$\begin{pmatrix} 1 & 0 \\ 0 & -1 \end{pmatrix} \underset{\text{点A}}{\begin{pmatrix} 1 \\ 1 \end{pmatrix}} = \underset{\text{点D}}{\begin{pmatrix} 1 \\ -1 \end{pmatrix}}$$

$$\begin{pmatrix} 1 & 0 \\ 0 & -1 \end{pmatrix} \underset{\text{点B}}{\begin{pmatrix} -1 \\ 1 \end{pmatrix}} = \underset{\text{点C}}{\begin{pmatrix} -1 \\ -1 \end{pmatrix}}$$

図4-2 x軸に関する対称変換

　点(x, y)に，点A$(1, 1)$，B$(-1, 1)$それぞれの値を代入すると，図4-2のように，点A，Bはそれぞれ点D$(1, -1)$，点C$(-1, -1)$へ移されることがわかります。正方形ABCDは，x軸の他に，y軸，直線AC，BDも対称軸となります。これらの対称変換は，次のように表せます。

・y 軸に関する対称変換　　　　・直線 AC に関する対称変換　　　　・直線 BD に関する対称変換

$$\begin{pmatrix} x' \\ y' \end{pmatrix} = \begin{pmatrix} -1 & 0 \\ 0 & 1 \end{pmatrix}\begin{pmatrix} x \\ y \end{pmatrix} \qquad \begin{pmatrix} x' \\ y' \end{pmatrix} = \begin{pmatrix} 1 & 0 \\ 0 & 1 \end{pmatrix}\begin{pmatrix} x \\ y \end{pmatrix} \qquad \begin{pmatrix} x' \\ y' \end{pmatrix} = \begin{pmatrix} 0 & -1 \\ -1 & 0 \end{pmatrix}\begin{pmatrix} x \\ y \end{pmatrix}$$

　これらの対称変換では，点 A，B，C，D が，それぞれ線対称な点へと移動していますので，正方形の裏返しと考えるとわかりやすくなります。どの直線を対称軸として線対称なのかを考えることが重要です。

　正方形は，点対称な図形でもあります。回転角 θ の回転を表す行列は，

$$\begin{pmatrix} x' \\ y' \end{pmatrix} = \begin{pmatrix} cos\,\theta & -sin\,\theta \\ sin\,\theta & cos\,\theta \end{pmatrix}\begin{pmatrix} x \\ y \end{pmatrix}$$

と表されます。θ に $180°$ を代入すると，

$$\begin{pmatrix} x' \\ y' \end{pmatrix} = \begin{pmatrix} -1 & 0 \\ 0 & -1 \end{pmatrix}\begin{pmatrix} x \\ y \end{pmatrix}$$

$$\begin{pmatrix} 1 & 0 \\ 0 & -1 \end{pmatrix}\begin{pmatrix} 1 \\ 1 \end{pmatrix} = \begin{pmatrix} 1 \\ -1 \end{pmatrix}$$
点 A　　点 D

$$\begin{pmatrix} 1 & 0 \\ 0 & -1 \end{pmatrix}\begin{pmatrix} -1 \\ 1 \end{pmatrix} = \begin{pmatrix} -1 \\ -1 \end{pmatrix}$$
点 B　　点 C

図 4-3　180°回転の対称変換

となります。これを用いて，正方形を $180°$ 回転させると，点 A，B，C，D はそれぞれ点 C，D，A，B へと移ります。その例が図 4-3 です。

　次に，正三角形 EFG を考えます（図4-4）。正三角形は線対称な図形ですが，点対称な図形ではありません。x 軸を対称軸とすると，この対称変換は次の行列で表せます。

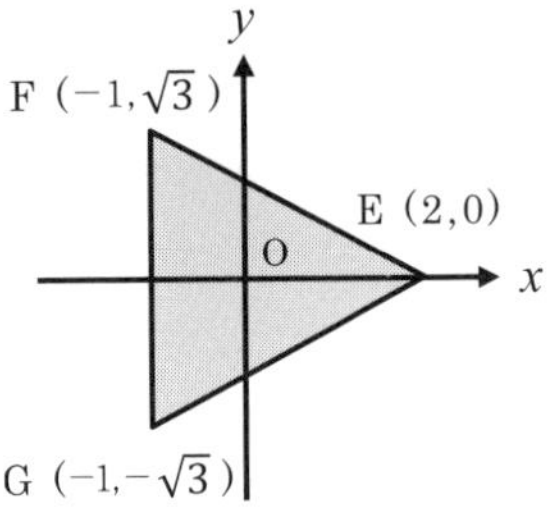

図 4-4　座標平面上の正三角形

$$\begin{pmatrix} x' \\ y' \end{pmatrix} = \begin{pmatrix} 1 & 0 \\ 0 & -1 \end{pmatrix}\begin{pmatrix} x \\ y \end{pmatrix}$$

それゆえ，点 E $(2,0)$，点 F $(-1,\sqrt{3})$，点 G $(-1,-\sqrt{3})$ は，図 4-5 のように移動します。

　正三角形の場合，対称軸は x 軸以外にあと 2 本引けます。1 本目は点 F から O を通る直線（直線 FO）です。2 本目は点 G から O を通る直線（直線 GO）です。この 2 本を対称軸とする変換は次の行列で表せます。

$$\begin{pmatrix}1 & 0\\0 & -1\end{pmatrix}\begin{pmatrix}2\\0\end{pmatrix}=\begin{pmatrix}2\\0\end{pmatrix}$$

点 E　点 E

$$\begin{pmatrix}1 & 0\\0 & -1\end{pmatrix}\begin{pmatrix}-1\\\sqrt{3}\end{pmatrix}=\begin{pmatrix}-1\\-\sqrt{3}\end{pmatrix}$$

点 F　点 G

$$\begin{pmatrix}1 & 0\\0 & -1\end{pmatrix}\begin{pmatrix}-1\\-\sqrt{3}\end{pmatrix}=\begin{pmatrix}-1\\\sqrt{3}\end{pmatrix}$$

点 G　点 F

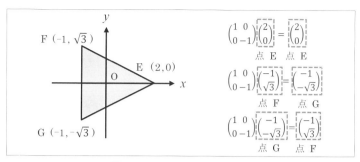

図 4-5　x 軸に関する対称変換

直線 FO に関する対称変換

$$\begin{pmatrix}0 & -1\\-1 & 0\end{pmatrix}$$

直線 GO に関する対称変換

$$\begin{pmatrix}0 & 1\\1 & 0\end{pmatrix}$$

正三角形は，120° 回転，240° 回転のときにぴったりと重なります。そこで，正三角形 EFG を，原点を中心に 120° 回転させることを考えます。回転角 θ の回転を表す行列で $\theta=120°$ とすると，

$$\begin{pmatrix}-\frac{1}{2} & -\frac{\sqrt{3}}{2}\\\frac{\sqrt{3}}{2} & -\frac{1}{2}\end{pmatrix}\begin{pmatrix}2\\0\end{pmatrix}=\begin{pmatrix}-1\\\sqrt{3}\end{pmatrix}$$

点 E　点 F

$$\begin{pmatrix}-\frac{1}{2} & -\frac{\sqrt{3}}{2}\\\frac{\sqrt{3}}{2} & -\frac{1}{2}\end{pmatrix}\begin{pmatrix}-1\\\sqrt{3}\end{pmatrix}=\begin{pmatrix}-1\\-\sqrt{3}\end{pmatrix}$$

点 F　点 G

$$\begin{pmatrix}-\frac{1}{2} & -\frac{\sqrt{3}}{2}\\\frac{\sqrt{3}}{2} & -\frac{1}{2}\end{pmatrix}\begin{pmatrix}-1\\-\sqrt{3}\end{pmatrix}=\begin{pmatrix}2\\0\end{pmatrix}$$

点 G　点 E

図 4-6　120° 回転の変換

$$\begin{pmatrix}-\frac{1}{2} & -\frac{\sqrt{3}}{2}\\\frac{\sqrt{3}}{2} & -\frac{1}{2}\end{pmatrix}$$

が求められます。この行列により，図 4-6 のように点 E は点 F へ，点 F は点 G へ，点 G は点 E へ移動し，120° 回転し，ぴったりと重なります（図 4-7）。

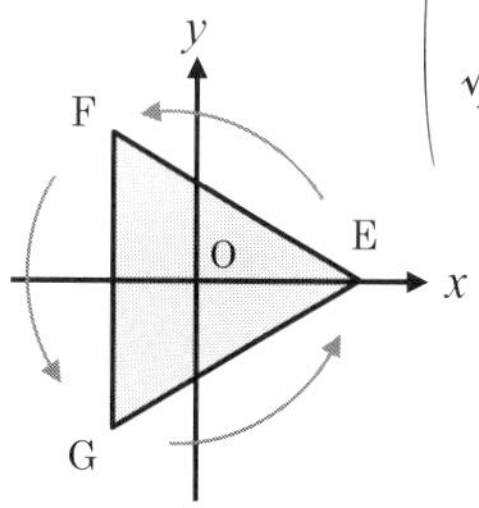

図 4-7　原点を中心とする 120° 回転形

回転角 θ の回転を表す行列で $\theta=240°$ とする

と，回転を表す行列は，

$$\begin{pmatrix} -\dfrac{1}{2} & \dfrac{\sqrt{3}}{2} \\ \dfrac{\sqrt{3}}{2} & \dfrac{1}{2} \end{pmatrix}$$

となります。このことを一般化すると，正 n 角形の場合，$(360 \div n)$ の整数倍の角度を回転させると，ぴったりと重なると考えることができます。例えば，正三角形の場合，$360 \div 3 = 120$ なので，その倍数である $120°$，$240°$，$360°$，…と回転させたときにぴったりと重なります。

これらのことより，線対称，点対称のみならず，回転させたときにぴったりと重なることに気付かせることも重要です。

（2） 立体図形における対称性

立体図形における対称性には面対称，軸対称，点対称などがあります。

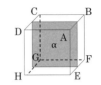

図 4-8 立方体の対称面

立体図形を切る平面 α が，向かい合う2点PP' を結ぶ線分を垂直に2等分するとき，点Pと点P' とは，平面 α に関して面対称であるといいます。

立方体を例に考えます（図4-8）。この図では，立方体を切る平面 α は，線分 AB，DC，EF，HG を2等分しています。この平面 α を対称面と言い

図 4-9 立方体の対称面

ます。立方体の対称面は他にもあり，それらは2つのタイプに分かれます。第一に，向かい合う2つの面を通る対称面で，3通りあります（図4-8）。第二に，2つの辺を通る対称面で，6通りあります（図4-9）。立方体には全部で9通りの対称面があります。円柱，円錐，正四角錐，球などは面対称です（図4-10）。

立体図形 F を，ある直線 l を軸として1回転させたとき，もとの立体

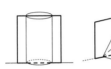

図 4-10 面対称の図形の例

図形 F と一致するならば，立体図形 F は，直線 l について軸対称であるといいます。正四角錐を例に考えます（図 4-11）。

正四角錐は，軸 l に関して回転させると，もとの図形 F と一致します（図4-12）。正四角錐には4本の回転対称の軸があります。円柱，正四面体，立方体，球なども軸対称です（図4-13）。

また，球は，中心を通る，すべての直

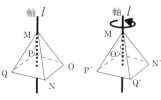

図4-11 回転対称の軸

図4-12 軸 l に関する90°回転

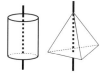

図4-13 軸対称の図形の例

線が対称の軸となるので，軸は無数にあります。対称という観点から球を考察することで，その特殊性がさらに明確になります（図4-14）。

立体図形 F 上のある点 P と点 O を線分で結び，O を越えて線分を延長します。その上に，点 P′ をとり，PO=OP′ となる点 P′ が立体図形 F 上にあるとき，立体図形 F は点対称であるといいます。

例として，立方体を考えます。図4-15の立方体において，点 H から中心 O を通る線分 HO を引きます。線分 HO の延長上に HO=OB となる点 B をとります。立方体ですので線分 HO と OB の長さは等しく，B は立方体上の頂点と一致します。立方体の各点は図4-16のように移動します。円柱，正八面体，直方体，球なども点対称です（図4-17）。

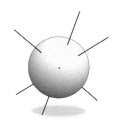

図4-14 球の対称の軸（例）

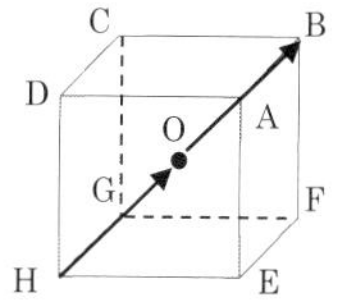

図4-15 点対称変換

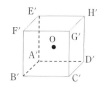

図4-16 変換後の立方体

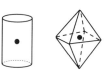

図4-17 点対称の図形の例

（谷　竜太）

2 合同とは

小学校第5学年の算数教科書には，次のような記述があります。

① 合同な図形

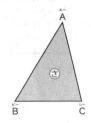
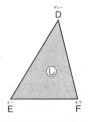
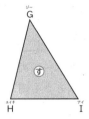

1 上の㋐，㋑，㋒の3つの三角形はどれも合同です。
ぴったり重ねたとき，重なり合う頂点，辺，角について
調べましょう。

㋐ ㋐と㋑の三角形をぴったり
重ねたとき，重なり合う頂点，
辺，角をすべていいましょう。

だいち

ずらしてみると……

（啓林館，わくわく算数5, 76頁）

　合同の学習においては，様々な三角形や四角形から合同な図形を見つ
け，合同な三角形のかき方を探ることを通して，合同な図形の性質を学習
します。ここでは，次の2つの課題について，数学的に考えていきます。

---

(1) 三角形の合同条件はどのような方法で示されるのでしょうか。

(2) 他には三角形の合同条件はないのでしょうか。もしあるならば，
　　どのような条件なのでしょうか。

---

(1) ユークリッド原論における三角形の合同条件

　2つの図形の合同を示そうとするならば，本来は2つの三角形を実際に
重ねてみるか，対応する辺と角がそれぞれ等しいことを示さなければなり

ません。しかし，紙に描かれた三角形は重ね合わせることはできません
し，6つの構成要素すべてがそれぞれ等しいことを示すのは非効率的で
す。そこで，より少ない条件で図形が合同であることを示す定理として導
かれたのが合同条件です。最も基本となるのは三角形の合同条件ですが，
その三角形の合同条件はいかに発見されたのでしょうか。「ユークリッド
原論」（以下，原論）の第一巻では最初に定義，公理，公準（共通概念）
を示した後にいくつかの命題に1つずつ証明をつけている構成になってい
ます。その「原論」において最初に示されている条件，2辺とその間の角
がそれぞれ等しいこと（以下 Side-Angle-Side から，SAS 型と表記）に
ついて見てみましょう。

　右の図のように2つの辺とその間の
DEF に重ねることができて，点 A を
点 D の上に，線分 AB を線分 DE の
上におけば，AB は DE に等しいた
め，点 B と点 E は重なります。また

図 4-18　2辺とその間の角が等しい

AB が DE に重なるとき，∠BAC と∠EDF に等しいから AC と DF が重
なり，同時に点 C と点 F も重なります。点 B と点 E，点 C と点 F がそれ
ぞれ重なっているため，BC と EF が重なります（「原論」第一巻命題4）。
これが合同条件 SAS 型の証明となります。このように「原論」において
は2つの三角形が“重なるかどうか”を確かめています。これを重ね合わ
せの方法といいます。

　次に「原論」に登場するのは3辺がそれぞれ等しいこと（SSS 型）で
す。その証明は省略しますが，同様に重ね合わせの方法を用いて証明して
います（原論第一巻命題8）。最後に1つの辺とその両端の角がそれぞれ
等しいこと（ASA 型）が証明されています。しかし，そこでは「2つの
角と1つの辺が等しい三角形は合同である」という命題になっています。
つまり，角や辺の位置に縛りがありません。このことは次の（2）にて詳
しく触れます。この命題の証明は，背理法で SAS 型の合同条件に帰着す
ることで証明しています（「原論」第一巻命題26）。

表4-1　各三角形の合同条件の証明法と命題番号

	SAS型	SSS型	ASA型
証明の方法	重ね合わせ	重ね合わせで SAS型に帰着	背理法で SAS型に帰着
命題番号	4	8	26

　表4-1を見ると命題番号が連番ではありません。そこで，各命題のつながりは図4-19のようにまとめられます（中西，1995）。これをみると命題8や命題26は命題4を根拠としていることがわかります。さらに，命題8の証明は命題5と7，命題26の証明には命題13と15，16と様々な命題に基づいているのです。小学校算数や中学校数学において私たちが何気なく使っている三角形の合同条件は，本来このように多くの根拠によって成り立っています。数学における命題は様々な証明された命題によって体系的に成り立っているのです。

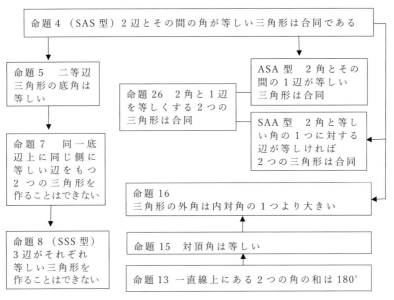

図4-19　「ユークリッド原論」での命題のつながり

(2)　SAS型，SSS型，ASA型以外の合同条件

　ここでは命題26で述べられている「2角と1辺が等しい三角形は合同」

という条件と，特殊な三角形の合同条件について見てみましょう。まずは命題 26 についてです。図 4-19 で ASA 型と SAA 型の合同条件を分けて書いています。「原論」では命題 16 などを利用して証明していますが，ASA 型についての合同条件と三角形の内角の和の性質について知っていれば，SAA 型が合同条件となりうることは容易にわかります。それらの条件は一体なぜ学校で教えられないのでしょうか。それは学校教育では作図可能性を重んじているからです。図 4-20 のように作図を試みても点 C を設定できないため学校教育の現場では扱われ難いのです。

図 4-20 SAA 型の作図の様子

ここまで三角形の 6 つの構成要素から高々 3 つ選んだ上でその合同条件を考えてきました。辺と角の位置関係については合計 8 通りありますが，SSA 型と ASS 型，SAA 型と AAS 型は同一視して考えると，次の図 4-21 のように 6 つの場合に分けられます（小原，2014）。

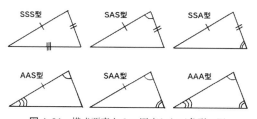

図 4-21 構成要素を 3 つ固定した三角形の図

本稿で今まで触れてこなかった組み合わせは SSA 型と AAA 型の 2 つのみですが，SSA 型と AAA 型は 1 つの三角形に定まらず，AAA 型に関しては 2 つの角がわかっているため，角が 2 つ等しい三角形だと考えられます。このような三角形は相似な三角形になりますが，三角形の合同条件にはなりません。

AAA 型に対して SSA 型が合同にならないのは，わかっている角度が鋭

角のときだけです。図4-22の左側のように1つの角が直角の場合，一意に決まります。これは直角三角形の合同条件である斜辺と他の1辺が等しい条件（RSS型）に相当します。右側の図はSAA型に帰着でき，合同になります。そのため，直角三角形の合同条件である斜辺と1つの鋭角が等しい条件（RAS型）が成り立ちます。これらの直角三角形の合同条件は既に直角という条件がわかっていれば，斜辺とあと1つの構成要素を確かめれば証明できるようになるため2つの構成要素が等しいことを示せればよいのです。

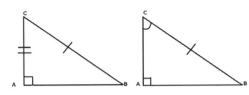

図 4-22 　角を直角にした場合

最後に，鈍角にして合同になるか作図して調べると下のようになります。

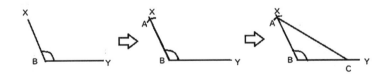

図4-23 　SsA型三角形の作図

∠Bを鈍角にして作図してみると，1つの三角形に決まります。また，この場合辺AB＜辺ACになるので，長い辺を大文字，短い辺を小文字で表すと，2辺とその長辺の対角が等しいこと（SsA型）が三角形の合同条件として成り立つことがわかります（小原，2017）。

　本節では，限られた紙面の中で，SAS型，ASA型，SSS型，SAA型，RSS型，RAS型，SsA型の7種類に触れてきました。このように，ただ算数教科書の内容を受け入れて消極的に学習するのではなく，細かく場合分けによる様々な合同条件を教師自ら見つける活動が，三角形の合同条件についての子どもの探求心を支え，より深い理解を促すために大切です。

（大石泰範）

3 平面と空間とは

小学校第2学年の算数教科書では，次のような記述があります。

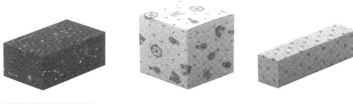

1 はこの 形

1

はこの 面 (めん)に 1まいずつ
紙 (かみ)を はって，きれいな
はこを つくりましょう。

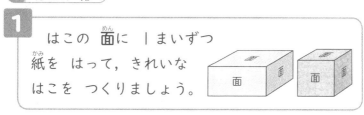

（啓林館，わくわく算数2下，99頁）

　立体図形や平面図形の導入場面では具体物との対比による児童の直観的な把握に頼っているといえます。ここでは，次の2つの課題について，数学的に考えていきます。

（1）平面や空間で扱う図形とは何でしょうか。

（2）立体図形を「表している図」とは何でしょうか。

（1）　平面や空間とは何か

　平面や立体を考える上で，それらが置かれている場（空間）から考え始めてみます。私たちが小学校から高等学校で学ぶ図形の様々な知識は，ユークリッド幾何学と呼ばれる領域の知識です。このユークリッド幾何学とは，例えば机の上のように曲がっていない平面や，部屋の中のように曲がっていない空間を前提にした学問です。私たちの暮らしている空間は，

実際には曲がっていることが物理学で明らかになっていますが，ここでは考えないことにします。この"曲がっていない"とはどういうことなのか，平面においてもう少し具体的に考えてみましょう。

　平面上の点の位置をはっきりと表したいとき，私たちは2つの数を組み合わせます。座標を用いた書き方をすると，$A(x_a, y_a)$，$B(x_b, y_b)$ といった形です（ベクトルを用いて書くこともできます）。さらに，この2点AB間の距離は，三平方の定理によって $\sqrt{(x_a-x_b)^2+(y_a-y_b)^2}$ で求めることができます。このような，2つの数の組で点の位置をはっきり表すことができて，かつ2点間の距離が三平方の定理で求められるような点を集めたものを"曲がっていない"平面，または2次元ユークリッド空間といいます。球体の表面のような，曲がっている平面ではこれらが成り立ちません。

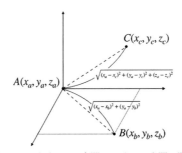

図 4-24　平面または空間における2点間の距離

　同様に，空間上の点の位置を決めようとするときは，$A\,(x_a, y_a, z_a)$，$C\,(x_c, y_c, z_c)$ のように3つの数を組み合わせる必要があり，この2点AC間の距離は $\sqrt{(x_a-x_c)^2+(y_a-y_c)^2+(z_a-z_c)^2}$ で求めることができます。即ち，点の位置を3つの数の組で表すことができ，かつ3点間の距離が三平方の定理より求められるような点を集めたものを"曲がっていない"空間（3次元ユークリッド空間）といいます。数学的にはどちらもユークリッド空間ですが，日常生活においては2次元と3次元のユークリッド空間を，それぞれ平面・空間と呼んでいるのです。このように，点の位置を表すために必要な数が n 個である空間を n 次元ユークリッド空間といいま

す。私たちはこれらのユークリッド空間における，特別な性質を持つ一部の点の集まりを対象として，三角形・立方体などの名前を与え，その性質を探求しているのです。これらのうち，2次元の対象のものを平面図形，3次元の対象のものを立体図形と呼びます。ただし，後述するような4次元以上の対象のものも立体図形と呼ぶことがあります。また詳述はしませんが，例えば3次元ユークリッド空間に2次元の対象が認められる場合もあります。

さて，ここまでと同様の考え方に基づくと，4次元以上のユークリッド空間や図形（立体）を考えていくことも可能になり，例えば4次元上の点Dの座標はD $(x_d, y_d, z_d, \Omega_d)$ となります。形式上はそのように考えられても，4次元や4次元の図形といわれてもピンとこないかもしれません。しかし，3次元の立体を2次元の平面にかき表す（投影する）ことができるわけですから，例えば4次元の立方体（4次元超立方体，または正八胞体）でも同様に，3次元の空間に表すことができるはずです。

4次元の立方体について考えるために，既に私たちが知っている0〜3次元ユークリッド空間における立方体あるいはそれに準ずるものについて調べた，表4-1を見てみましょう。

表4-1 各次元のユークリッド空間における立方体に準ずるもの

次元	頂点の数	辺の数	面の数
0（点）	1		
1（直線）	2	1	
2（正方形）	4	4	1
3（立方体）	8	12	6

この表4-1から，頂点の数は次元が1つ上がるごとに2倍になっていくことがわかります。また，辺の数は1つ前の次元の辺の数を2倍して，頂点の数を足したものになっていることや，面の数は1つ前の次元の面の数を2倍して，辺の数を足したものになっていることがわかります。したがって，4次元の立方体は「頂点の数16，辺の数32，面の数24」であると予想できます。

それでは，なぜこのような規則性が成り立つのでしょうか。図4-25 のように「等距離だけずらす」ことを考えると，その理由がわかると共に，4次元の立方体の形が見えてきます。

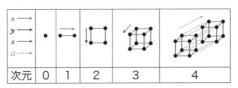

図 4-25 「等距離だけずらす」各次元の立方体

即ち，4次元の立方体を3次元に投影したモデルは，立方体2つを作り，その頂点同士を等距離の直線で結んだものになることがわかります。これは，実際に竹ひごなどを用いて製作することも可能です。また，コンピュータ上のアニメーションでその全体像を表すことも可能です。数を用いて形式的に考えることしかできないと思われがちな高次元の数学も，しばしば目に見える形で捉え，考えることができます。

（2）　見取り図・投影図とは何か

さて，4次元を3次元に表しましたが，教科書だけでなくこの本にも見られるように，私たちは3次元の立体を，平面である2次元の紙の上に表すことがあります。その際，教科書では図4-27 のような見取り図が多用されますが，見取り図が子どもに十分理解されていないことが，全国学力・学習状況調査問題などでしばしば指摘されます。しかし，本稿冒頭の教科書に見られるように，そもそも「見取り図とは何であるか」に，教科書で明示的に触れられることはほとんどありません。それでは，見取り図とは一体どのような図なのでしょうか。数学的には特別な点の集まりである図形（figure）について考察するため，それを視覚的に表した図（drawing）は必須ではありません。それにも関わらず，数学者でさえも必要に応じて図を用いることを踏まえると，図とは何かを考えることは非常に大切です。図は数学の応用を考えるためには非常に重要な領域であり，一般的に図法幾何学と呼ばれています。

通常，教科書で扱われている見取り図とは，投影図の一種であるキャビ

ネット投影図のことを意味します。ここで投影図というと，図 4-26 のようなものを思い浮かべるかもしれません。これは正しくは正投影図といい，ある立体を見る視点を 90 度ずつ回転させながら，複数の視点で描画する図のことです。実用上は三面が投影されることが多いですが，場合に応じて図 4-26 のように二面を投影することも行われます。一方，図 4-27 で示した見取り図（キャビネット投影図）は，正面の図だけを同じ形のまま縮小し，奥行きは 45°の角度で，2 分の 1 の縮図で描く方法のことを意味します。

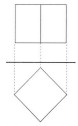

図 4-26 立方体を 2 方向の正面から見た投影図（正投影図）

図 4-27 立方体を正面上方から見た見取り図（キャビネット投影図）

図 4-28 立方体を斜め上方から見た見取り図（等角投影図）

これらに加えて，図 4-28 のような図もしばしば「見取り図」として紹介されることがありますが，これは明らかにキャビネット投影図ではありません。このような図もやはり投影図の一種で，アイソメトリック図（等角投影図）といいます。これは，立体に対する 3 本の互いに直角に交わる軸が，120°に交わって見える視点から描いた図です。図 4-28 の立方体は，3 つの面が全て合同な平行四辺形で表されています。

こうして，立方体を表した図4-26から図4-28を比較してみると，これらの図は「立体をどの角度から見たか」による違いであり，図を書く基本的な考え方は同じであることに気付きます。その結果，それぞれの図と元の立体を比較すると，視点の違いに応じて特定の情報が抜けてしまっているのです。例えば，正投影図は正面方向に据えた形や大きさを正しく図に表すことができていますが，奥行きが直接は図に表されていません。一方，キャビネット投影図（見取り図）では，奥行きが表されていますが，その大きさは2分の1になってしまっています。そのため，正面以外の面の形や角度，大きさが変形されてしまっています。等角投影図は，3つの軸の長さの縮尺が揃っていますが，面の形や角度は維持されていません。

（早田　透）

第4章　教員採用試験問題

（1）グラフが x 軸を対称の軸として，$y = 5x^2$ のグラフと線対称の関係にある関数の式を，下のア〜ウから選び，記号で答えなさい。

　　ア　$y = \frac{1}{5}x^2$　　　　イ　$y = -\frac{1}{5}x^2$　　　　ウ　$y = -5x^2$

（2018年度鳥取県小学校教員採用試験問題　改）

（2）相似な2つの円柱 A，B があり，その高さの比は 2：3 です。A の体積が 240 π cm³ のとき，B の体積は何 cm³ ですか。

　　ア 360 π cm³　　イ 450 π cm³　　ウ 540 π cm³　　エ 810 π cm³　　オ 1080 π cm³

（2017年度長野県小学校教員採用試験問題　改）

（3）右の図は，ある立体の展開図である。四角形 ABCD は一辺 6cm の正方形であり，点 E，点 F はそれぞれ AB，AD の中点である。この展開図を完成させてできる立体の体積を求めなさい。

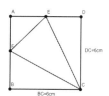

（2015年度静岡県・静岡市・浜松市小学校教員採用試験問題　改）

（4）右の図のように AD ∥ BC の等脚台形 ABCD があり，円がその台形に内接している。AD が 6cm，BC が 8cm のとき，斜線部分の面積を求めなさい。ただし，円周率は π とする。

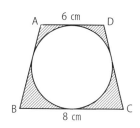

（2016年度佐賀県教員採用試験問題　改）

測定について

　この章では,「測定」領域の数学的背景である, 量の性質, 広さ, 誤差について明らかにします。

1 量とは

　小学校第1学年の算数教科書には, 次のような記述があります。

（啓林館, わくわく算数1, 82頁）

　量概念は, 測定を通して形成されます。形や色ではなく, 比較や測定が可能な属性である「大きさ」に着目し, 2つの量の大小を直接比較した

り，第3の量を媒介にして間接比較したりする操作を通して，大小の順序を理解していきます。また，任意単位や普遍単位を基に量を数値化する操作に発展させることにより，測定の意味を理解し，測定の仕方に習熟することを通して，量の概念を形成していきます。

ここでは，次の2つの課題について，数学的に考えていきます。

---

(1) 量とは，何でしょうか。

(2) 量には，どのような性質があるのでしょうか。

（1）　量とは何か

量は事物や現象のもつ「大きさ」という属性に着目して得られる概念です。例えば，ものの個数，長さ，かさ，重さ，時間，面積，体積，角度，速さなどがあります。ものの個数は，1個，2個，…と数えることができ，それ以上，分割することができない量です。自然数を用いて表される量で，分離量といいます。一方，長さは，直接数えることができないため，単位を設定し，測定により数値化します。単位にする大きさにより，必要に応じて分割できる量です。正の有理数を用いて表される量で，連続量といいます。

連続量のうち，長さ，かさ，重さ，時間，面積，体積，角度などのように，2つの量を合わせて1つの量にできる量を外延量といいます。一方，速さ，人口密度，濃度などは，2つの量を合わせて1つの量にすることはできません。このような連続量を内包量といいます。また，「速さ＝道のり÷時間」と表されるように，内包量は2つの外延量の商として表されます。速さのように，異種の量の商として表される内包量を「度」，濃度のように，同種の量の商として表される内包量を「率」といいます。量の分類をまとめると図5-1のようになります。

（2）　量の性質

ここでは，外延量の性質について考えてみましょう。

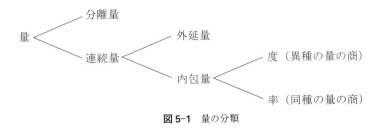

図5-1　量の分類

①量の保存性

　量は形を変えても位置を変えても大きさは変わりません。また，量をいくつかの量に分けても，分けてできた量の和は，分ける前の量と等しくなります。このように，量は変形，移動，分割をしても全体の大きさは変わらないという性質があります。この性質を量の保存性と言います。量の保存性は，いろいろな量の性質の前提になっています。

②量の比較可能性

　量は比べることができるので，量を大きさの順に並べることができます。同種の2量 a，b について，$a = b$ という相等関係や $a > b$，$a < b$ という大小関係のいずれか1つが成り立ちます。この性質を量の比較可能性と言います。また，同種の量の相等関係と大小関係について，次のことが成り立ちます。

　　$a = a$（反射律）

　　$a = b$ ならば，$b = a$（対称律）

　　$a = b$ かつ $b = c$ ならば，$a = c$（推移律）

　　$a > b$ かつ $b > c$ ならば，$a > c$（推移律）

③量の加法性

　同種の2量 a，b に対して，その和にあたる同種の量 $a+b$ が一意に決まります。2つのもの A，B について，同種の量を $m(\mathrm{A})$，$m(\mathrm{B})$，A と B を合併した量を $m(\mathrm{A+B})$ と表します。$m(\mathrm{A}) + m(\mathrm{B}) = m(\mathrm{A+B})$ が成り立つとき，この量は加法性をもつと言います。例えば，図5-2に示すような図形 A，B の面積について，$m(\mathrm{A})$ を図形 A の面積，$m(\mathrm{B})$ を図形 B の面積，図形 A と B を合併した全体の面積を $m(\mathrm{A+B})$ とします。このと

き, m(A) に m(B) を加えると, m (A＋B) に等しくなることを表しています。

また, 同種の量 a, b, c の加法について, 次のことが成り立ちます。

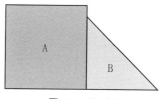

図 5-2　量の加法

$a+b = b+a$　（交換律）

$(a+b)+c = a+(b+c)$　（結合律）

$a+c = b+c$ ならば, $a = b$　（簡約律）

　これらの式は, 同種の量を加えるとき, 加える順序が違っても和の大きさは同じであること, 同種の 2 量を比べるとき, 2 つの量に共通な大きさがあるならば, 共通な大きさを除いても相等関係が成り立つことを表します。

　量の加法性は, 外延量についてのみ成り立ちます。例えば, 濃度が 4 ％の食塩水 100g と濃度が 6 ％の食塩水 100g を混ぜ合わせると, 濃度が 5 ％の食塩水 200g になり, 10 ％の食塩水にはなりません。このように, 内包量では, 量の加法性は成り立ちません。

④量の測定性

　測定とは, 単位となる量（単位量）を決めて, ある量が単位量のいくつ分に当たるか調べ, 量を数値化することです。つまり, 量 a から数 x への対応 U を測定といい, $U(a)=x$ と表される x を測定値といいます。測定においては, 同種の 2 量 a, b $(a > b)$ に対して, b を 2 倍, 3 倍, …すると, $a \leqq nb$ となる自然数 n が存在します。これをアルキメデスの公理といい, この性質を量の測定性といいます。$(n-1) b < a \leqq nb$ となる自然数 n が存在する場合, a の大きさを表す数値は, 単位となる b の $(n-1)$ 倍と n 倍の間にあります。

⑤量の等分可能性

　量は何等分にでもできるという性質があります。つまり, 量 a につい

て，n を任意の自然数とすると，$a = nb$ を満たす量 b が必ず存在します。この性質を量の等分可能性といいます。例えば，量 a を単位量で分けるとき，あまりがある場合は，さらに小さい単位量を決めて分けることにより，必ず量 a を分け切る単位量 b がみつけられることを意味しています。この性質は，ユークリッドの互除法の発想に通じるものです。

このように，量の測定性と量の等分可能性により，どんな大きさの量でも同種の量を単位として，そのいくつ分として測定することができます。

⑥量の稠密性

同種の 2 量 a，b（$a > b$）について，a と b の大きさがどのように接近していても，必ず a と b の間には量 c が存在する（$a > c > b$）という性質があります。この性質を量の稠密性といいます。この性質を図5-3を基に考えてみましょう。$a - b$ の半分を b に加えると，$b + (a - b) \div 2 > b$ となります。一方，$a - b = (a - b) \div 2 + (a - b) \div 2$ なので，$a - b > (a - b) \div 2$ となります。この不等式の両辺に b を加えると，$a > b + (a -$

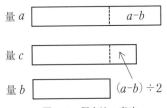

図5-3 稠密性の意味

$b) \div 2$ となります。したがって，$b + (a - b) \div 2$ は a と b の間にあることになり，$b + (a - b) \div 2 = (a + b) \div 2 = c$ とすると，$a > c > b$ であることが示されました。このように，2 つの量の間には，量が無数に存在します。

（3） 測定と尺度

ここでは，測定と尺度について考えてみましょう。対象のもつ特性を測定する手続きまたは道具のことを尺度といい，測定される特性は変数になります。変数は，量的変数と質的変数に分類されます。量的変数は，対象のもつ量的特性の程度と対応させた数値で表され，質的変数は，対象のもつ質的特性の違いにより分類されたカテゴリーと対応させた数値で表されます。どの特性を測定するかによって，用いる尺度が異なります（図5-4）。

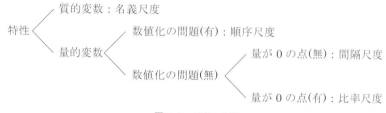

図5-4 尺度の分類

　ものさしを用いて測定される長さは，1cm，2cm，3cm，…というように，等間隔に数値化する上での問題はなく，長さが"無い"状態を0cmと表すことができます。また，6cmは2cmの3倍というように，比率を考えることもできます。長さのような変数は，比率尺度によって測定される変数です。しかし，摂氏温度はどうでしょう。0℃，1℃，2℃，…というように等間隔に数値化することの問題はありませんが，0℃は，温度がない状態を表していません。また，2℃から6℃になったとき，4℃という差（間隔）について判断することに意味はありますが，温度が3倍になったとはいえません。摂氏温度は，間隔尺度によって測定される変数です。秀，優，良，可で表される成績は，順序関係を表しています。各成績に4，3，2，1という数値を対応させた場合，数値の大小関係を比較できますが，「秀と優の差」と「良と可の差」の1という数値のもつ意味が同じとはいえないため，その数値化に問題があります。成績のような変数は，順序尺度によって測定される変数です。A型，B型，O型，AB型で表される血液型は，質的に異なるカテゴリーであることを表しています。各血液型に1，2，3，4という数値を対応させた場合，同じ数値なら同じカテゴリーであるという判断はできますが，数値による大小関係を比較できません。血液型のような変数は，名義尺度によって測定される変数です。

　表5-1に示すように，各尺度における適用可能な判断にしたがって，比率尺度，間隔尺度，順序尺度，名義尺度の順で尺度水準が高いと考えられます。表中のa，b，c，dは各尺度によって測定される値を意味してい

ます。

表 5-1 各尺度の適用可能な判断

	$a = b$	$a > b$	$a - b = c - d$	$a/b = c/d$
名義尺度	可	×	×	×
順序尺度	可	可	×	×
間隔尺度	可	可	可	×
比率尺度	可	可	可	可

（坂井武司）

2　広さとは

小学校第6学年の算数教科書には，次のような記述があります。

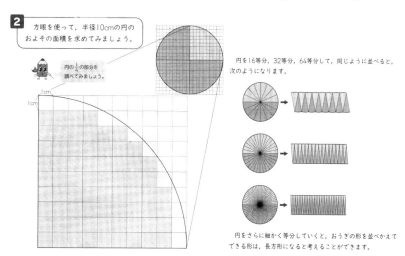

（啓林館，わくわく算数6，左96頁，右98頁）

　円の面積は，円が曲線図形であるため，方眼紙を用いて円の面積を見積もる活動や，円を分解して長方形に近似する活動を通して求め，求積公式を導きます。ここでは，次の2つの課題について，数学的に考えていきます。

---

(1) 方眼紙による見積もりでは，円周が通っている方眼の目をどのように数えるのでしょうか。

(2) 円を細かく分割して並び替えると，本当に長方形に近づくのでしょうか。

---

(1)　正方格子を用いた近似面積の求め方

　単一曲線で囲まれた平面図形の面積を求める方法の1つとして，平面図形を測定することによって近似値を求める方法があります。図5-5のよ

うに，正方格子上に平面図形をおき，平面図形の内部にある正方形の面積の総和により，内側の近似面積を求めることができます。また，平面図形の境界にある正方形の面積を内側の近似面積に加えることにより，同様にして外側の近似面積を求めることができます。

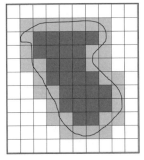

図 5-5 内側と外側の近似領域

ここで，正方形をどんどん細かくしていくと，内側の近似面積は新たに作られた小さな黒い正方形が付け加わるので大きくなります（図5-6（1））。これに対して，外側の近似面積は新たに作られた小さな黒い正方形が取り除かれることになるので小さくなります（図5-6（2））。したがって，これら2つの近似面積の差が徐々に小さくなります。正方形を限りなく小さくしていくと，内側と外側からともに曲線図形で囲まれた面積に近づいていきます。このように，細分を続けることによって内側から測った内面積と外側から測った外面積が限りなく接近するとき，この共通の極限値を与えられた図形の面積として確定することを測度論とよびます。

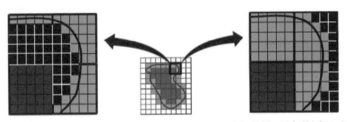

（1）内側の正方形を細かくする　　　　　　　　（2）外側の正方形を細かくする

図 5-6 正方形を細かくする

冒頭に示した教科書の左側の図は，方眼紙上に半径 10cm の四分円を描き，内側から近似する考え方で，円の面積を見積もる活動です。最初に，円の内側にある方眼の数を数えて内側の面積が 69cm^2 であることを測定します。次に，円周が通っている方眼の数を数えて，1つの方眼の面積を 0.5cm^2 と仮定して 8.5cm^2 であることを測定します。それらの結果から，四分円の面積は約 77.5cm^2 になり，これを 4 倍した 310cm^2 をおよその面

積と捉えます。この面積の求め方は区分求積
の発想に通じます（図5-7）。区分求積とは，
元の面積をいくつかに分割して，その各部分
の面積の和を考える上で，限りなく細かく分
割したときの極限値を平面図形の面積とする
求積方法です。

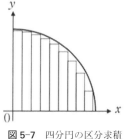

図5-7　四分円の区分求積

（2）　等積変形と極限の考えによる面積の求め方

　冒頭に示した教科書の右側の図は，等積変形と極限の考えを用いて円の
面積を求める方法を示しています。最初に，円を同じ大きさの16等分の
扇形に分割し，既習の等積変形の考え方を使って平行四辺形のような形に
並び替えています。同様に，円を32等分，64等分に分割し，扇形を並び
替えて疑似平行四辺形に変形しています。これらの活動と観察を通して，
分割する扇形をさらに小さくした場合を推測し，並べた扇形の円周部の波
形を直線とみなして考え，横の長さを円周の半分，縦の長さを円の半径で
ある長方形と仮定して円の面積を求めます。この方法は，等分割した扇形
の面積を実際に求めていませんし，極限の計算も行っていません。しか
し，子どもにとって，極限の考えに触れることは初めての経験ですから，
円を細かく分割して並び替えた図形が長方形に近づくことが納得できな
かったり，納得できても長方形の縦と横の長さが円のどの長さに対応する
のかが理解できないといったつまずきがあります。これらのつまずきに対
しては，実際に16等分，32等分して並び替えた疑似平行四辺形を観察し
て，分割数が多くなるごとに疑似平行四辺形の円周部の波形が緩やかにな
ることに気づき，円周部の端から端までの長さを実測して，円周の半分の
長さに徐々に近づいている様子を実感することが大切です。

　高等学校で学ぶ極限を使って円の面積を求めてみましょう。図5-8の
ように，半径rの円に内接及び外接する正n角形を考え，円をこれらの正
n角形で内と外から挟み込むことにします。ここで，円の面積をS，内接
する正n角形の面積をm，外接する正n角形の面積をMとすると，図

5-8 のような正八角形の場合は，$m<S<M$ であることは視覚的に明らかです。ここでの目的は，分割数を限りなく大きくしたときに m と M の極限値が一致することを明らかにすることです。ここで必要な知識は，高等学校の数学Ⅰで学習する三角比と数学Ⅲで学習する極限です。特に，三角関数の極限の公式 $\lim_{\theta \to 0} \dfrac{\sin\theta}{\theta} = 1$ が重要です。

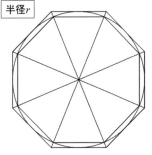

図 5-8 円の内接及び外接正八角形

なお，ここで扱う角度の単位は弧度法（$360° = 2\pi$ rad）とします。これらについての説明は，紙面の関係上省略しますので，必要な場合は高等学校の教科書を参照してください。

実際には，図 5-9 に示したように，n 等分した図形を基に，円に内接する正 n 角形と外接する正 n 角形の面積を求めます。

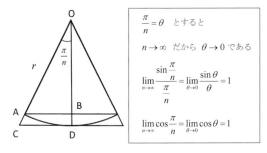

$$\frac{\pi}{n} = \theta \quad \text{とすると}$$

$n \to \infty$ だから $\theta \to 0$ である

$$\lim_{n \to \infty} \frac{\sin\dfrac{\pi}{n}}{\dfrac{\pi}{n}} = \lim_{\theta \to 0} \frac{\sin\theta}{\theta} = 1$$

$$\lim_{n \to \infty} \cos\frac{\pi}{n} = \lim_{\theta \to 0}\cos\theta = 1$$

図 5-9 等分した図形

①円に内接する正 n 角形の面積

$OA=r$，$\angle AOB = \dfrac{\pi}{n}$ である△OAB において，

$AB = r\sin\dfrac{\pi}{n}$，$OB = r\cos\dfrac{\pi}{n}$ だから，

$$\triangle OAB = \frac{1}{2}AB \times OB = \frac{1}{2}r^2\sin\frac{\pi}{n}\cos\frac{\pi}{n}$$

これより，円に内接する正 n 角形の面積は，

$$m = 2n \times \frac{1}{2}r^2\sin\frac{\pi}{n}\cos\frac{\pi}{n} = n \times r^2\sin\frac{\pi}{n}\cos\frac{\pi}{n}$$

n を限りなく大きくすると，

$$\lim_{n\to\infty} m = \lim_{n\to\infty}\left(n\times r^2\sin\frac{\pi}{n}\cos\frac{\pi}{n}\right)=\lim_{n\to\infty}\left(\pi r^2\times\frac{\sin\dfrac{\pi}{n}}{\dfrac{\pi}{n}}\cos\frac{\pi}{n}\right)=\pi r^2$$

②円に外接する正 n 角形の面積

OD$=r$，$\angle$COD$=\dfrac{\pi}{n}$ である$\triangle$OCD において，CD$=r\tan\dfrac{\pi}{n}$ だから，

$$\triangle\,\mathrm{OCD}=\frac{1}{2}\mathrm{CD}\times\mathrm{OD}=\frac{1}{2}r^2\tan\frac{\pi}{n}$$

これより，円に外接する正 n 角形の面積 M は，

$$M=2n\times\frac{1}{2}r^2\tan\frac{\pi}{n}=n\times r^2\tan\frac{\pi}{n}$$

n を限りなく大きくすると，

$$\lim_{n\to\infty}M=\lim_{n\to\infty}\left(n\times r^2\tan\frac{\pi}{n}\right)=\lim_{n\to\infty}\left(n\times r^2\frac{\sin\dfrac{\pi}{n}}{\cos\dfrac{\pi}{n}}\right)=\lim_{n\to\infty}\left(\pi r^2\times\frac{\sin\dfrac{\pi}{n}}{\dfrac{\pi}{n}}\times\frac{1}{\cos\dfrac{\pi}{n}}\right)=\pi r^2$$

①と②より，n を限りなく大きくすると，m＝M＝πr^2 となります。したがって，円の面積は πr^2 になります。

また，小学校第6学年の算数教科書には，図5-10 のような円の面積の求め方が記述されています。円を半径で細かく等分して図のように並び替

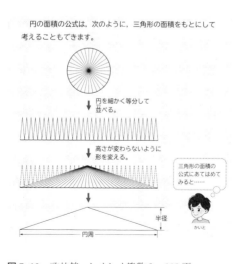

図5-10 啓林館，わくわく算数6，103頁

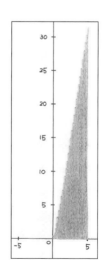

図5-11 座標平面上のひも

えます。このとき，細かく等分した扇形の円周部の波形を直線とみなして二等辺三角形と考えます。さらに，個々の二等辺三角形を高さが変わらないように変形して一つの二等辺三角形を作り，円の面積の公式を導いています。

　円の面積の公式は厚みのあるひもを使って考えることもできます。厚みのあるひもを巻いて円形にします。円周上の1点から中心まで（半径）を切断します。切断されたひもを座標平面上に並び替えると図5-11のようになります。半径をx，円周の長さをyと表し，ひもの厚みを限りなく細くすると，直角三角形の底辺はx，高さは$2\pi x$になりますので，斜辺は$y=2\pi x$に近づきます。高等学校の数学Ⅲで学習する積分法を使って$x=0$から$x=r$まで計算すると

$$\int_0^r 2\pi x\,dx = \pi r^2$$　となり，円の求積公式を導くことができます。

（佐伯昭彦）

3 誤差とは

小学校第2学年の算数教科書には，実測について次のような記述があります。

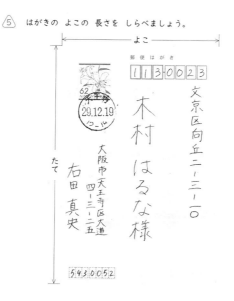

⑤ はがきの よこの 長さを しらべましょう。

（啓林館，わくわく算数2上，37頁）

小学校第2学年では，はがきの横と縦の長さではどちらが長いか，鉛筆とのりではどちらが長いのか，間接比較するために，物差しを使って鉛筆の長さを測定します。また，物差しや巻き尺を使って測定した結果を利用して長方形の花壇の面積を求めるなど，長さや面積を，測定値を用いて求めることがあります。

ここでは，次の2つの課題について，数学的に考えていきます。

> (1) 誤差とは，何でしょうか。
> (2) 誤差には，どのような性質があるのでしょうか。

測定値には誤差があり，実測が正しい値（真値）になることはありませ

第5章　測定について　　91

ん。例えば鉛筆の長さを物差しで測定するとき，目盛りを見る位置によって正確に読み取れなかったり，鉛筆の長さが目盛りと目盛りの間にある場合のように，その鉛筆の長さの読み取り方が曖昧な場合もあります。

　小学校では児童に誤差の考え方を指導することはありません。しかし，教師は，測定を伴う学習では測定値に誤差がつきものであることを意識して，指導にあたるべきです。本節では，測定値の誤差と真の値の関係，有効数字の考え方，測定値を用いた演算について解説します。なお授業では，1回しか測定せずに測定値として用いることが多いですが，本来測定値とは「ある1つの量を何回か測定し，散らばった測定結果のうち，大きくかけ離れた測定結果を除いて，残りの平均をとった値」を意味しています。

(1) 誤差と真の値

　平成29年改訂の学習指導要領では，児童は中学校3年生になるまで誤差を学習することがありません。しかし，小学校では測定が大切な学習内容であることから，教師は誤差や近似値，真の値などの定義を十分に理解し，測定値を用いた演算の考え方を身につける必要があります。ここでは，測定値を基にして円周率を求める場面を例に挙げて誤差と真の値を考えてみます。コンパスでかいた円周上に糸を置いて円周の長さを測定し，糸の長さと円の直径を利用して円周率（糸の長さ÷円の直径）を求める授業展開を想起してください。児童たちが様々な直径の円をかいて，それぞれの測定値を用いて円周率を計算します。その結果，様々な直径の円でも，円周率が3ぐらいの一定の値になっていそうだということを体験する授業です。この授業では，児童が利用した測定値は誤差が大きすぎて，児童が求めた円周率を近似値3.14にすることは困難です。したがってこの授業では，測定値を用いて円周率を計算した後に，精度の高い測定値を利用すれば円周率は3.14…となることを指導することになります。物差しで直径と円周の長さを測った程度では，円周率の近似値が3.14にならないのです。

　一方中学校では，円周率は3.14159…と限りなく続く値であると説明し

た上で，円周率の真の値を π で表すことを指導します。円周率はいつまで
も割り切ることができない値のため，真の値として文字 π を用いて表現す
ることを教えるのです。円周率 π が，いつまでも割り切れない数であるよ
うに，真の値は実測で明らかにできません。計算上の理論値を念頭におい
ても，私たちが実際に具体的に測った測定値は常に近似値であり，それを
真の値により近づける方法は，できる限り正確に測定して，真の値との誤
差を縮めること，すなわち精度を上げるしかありません。例えば鉛筆の長
さの測定値を四捨五入した値が 12（cm）のとき，その鉛筆の真の値を a
とすれば，

$$11.5 \leqq a < 12.5 \qquad \cdots (1)$$

となります。四捨五入して測定値 12（cm）を見いだしたので，小数第
一位を四捨五入して 12 になる最小の数は 11.5 です。また，12.5 未満で
ないと 12 になりません。だから真の値の範囲を，式(1)のように不等号
を用いて表すことができます。式（1）の場合は誤差が 0.5 である，ある
いは 0.5 以下である，といいます。誤差を明示して式（1）を書き直して
みると，

$$12 - 0.5 \leqq a < 12 + 0.5 \qquad \cdots (1)'$$

のようになります。真の値を不等式で表すことは，同時に，誤差がどの
くらいであるかも表しているのです。

（2）有効数字

式(1)や式(1)′ は，鉛筆の真の値 a の範囲を示していました。このとき
四捨五入して求めた測定値は 12 でした。このように，真の値 a を表すの
に 1 と 2 は意味がある数字です。これを有効数字といいます。この例で
は，有効数字は 2 桁である，と表現します。

先ほどの鉛筆を，もう少し細かく目盛りが読み取れる物差しで測った結
果，有効数字が 12.0 だったとしましょう。その場合，真の値 a は

$$12.0 - 0.05 \leqq a < 12.0 + 0.05 \qquad \cdots (2)$$

となって，誤差は 0.05 以下となります。このように，有効数字の桁数
によって，誤差の程度，測定値の精度が異なってきます。有効数字を明示

することは測定値の精度を表すことと同様です。この測定値を用いた演算では有効数字の桁数に注目していくことが大切になります。できるだけ真の値に近づけようとして見つけた測定値でも，精度が異なる測定値同士で演算をしてしまうと，計算結果が意味をなさない，精度の悪い値になることがあるからです。

(3) 測定値による加減

　2つの測定値が12.7と3.52の加法を考えてみましょう。

　そのまま計算すると，

$$12.7 + 3.52 = 16.22 \qquad \cdots(3)$$

となります。しかし，それぞれの測定値の真の値をb，cとすれば，

$$12.7 - 0.05 \leqq b < 12.7 + 0.05 \quad \cdots(4)$$

$$3.52 - 0.005 \leqq c < 3.52 + 0.005 \quad \cdots(5)$$

なので，真の値の和$b+c$は，

$$16.165 \leqq b+c < 16.275 \qquad \cdots(6)$$

です。式(3)の測定値の和と式(6)の真の値の範囲を比較すると，2桁目までの16は一致しています。式(6)の3桁目は1か2になっていて若干曖昧です。そして4桁目以降はまったく一致せず，無意味な数字が並んでいます。有効数字3桁で考えると，$b+c$の真の値は小数第2位を四捨五入して，

$$16.2 \leqq b+c < 16.3 \qquad \cdots(7)$$

となり，有効な数値は16.2であることがわかります。このように，真の値の範囲を意識して加減を行うことで式(6)を導けば，有効数字の意味も明らかになりますが，計算の手間が若干かかります。一般的には次のように考えて，測定値の加減は行われています。

測定値の加減

①有効数字の最下位をそろえて計算し，答えも同じ位まで求める。

②測定値をそのまま計算し，有効数字から最下位の位を四捨五入する。

12.7 と 3.52 の 2 つの測定値の加法を①の方法で計算してみましょう。12.7 は小数第 1 位まで，3.52 は小数第 2 位までの測定値です。つまり，12.7 の誤差は 0.05 以下，3.52 の誤差は 0.005 以下となっていますので，このまま計算しても有効な数値の桁がそろいません。そこで，3.52 の小数第 2 位を四捨五入して，3.5 とします。その上で 12.7+3.5 の和を求めて，有効数字 16.2 を求めます。

　②の方法は，式（3）で求めた 16.22 の最下位を四捨五入して 16.2 とする方法です。いずれも，測定値 12.7 と 3.52 の絶対誤差をそろえて加法の計算をしていることに注目しておきましょう。

（4）　測定値による乗除

　長方形の花壇の縦の長さと横の長さの測定値がそれぞれ 12.6m，7.8m で，この花壇の面積の真の値を S とします。不等号を用いて表すと，

$$(12.6 - 0.05) \times (7.8 - 0.05) \leqq S < (12.6+0.05) \times (7.8+0.05)$$

よって

$$97.2625 \leqq S < 99.3025 \qquad \cdots(8)$$

となります。整数部分を比較するだけでも，有効数字が不明なほどの真の値の範囲です。誤差を含んだ数同士の積ですから，加減よりも誤差が大きくなるわけです。そこで，次のような方法が考えられています。

測定値の乗除

③有効数字の桁数の最も少ない数値より 1 桁多くして計算し，答えの桁数は四捨五入で最も少ない数値の桁数にそろえる。

---

　③の方法では，最も桁数の少ない 7.8 の桁数よりも多く計算するので，

$$12.6 \times 7.8 = 98.28 \qquad \cdots(9)$$

98.28 を最も桁数の少ない 2 桁にそろえるので，有効数字は 98 となります。このように考えるのはなぜでしょう。12.6 は有効数字 3 桁，7.8 の有効数字は 2 桁です。いずれも誤差は 0.05 ですが，それぞれの真の値に対する誤差の割合は，有効数字 3 桁の 12.6 の方が，精度が高い測定値で

す。有効数字2桁の7.8の精度を上げた測定値をとることができていないので，有効数字を2桁にそろえているのです。

このように，測定値の乗除を考えるときに，測定値の精度を捉えるために編み出されたのが，相対誤差という考え方で，定義は以下の通りです。

$$相対誤差 = \frac{誤差}{真の値} \times 100 \ (\%)$$

誤差を含むおよその数として概数を用いることがあります。概数は，正確で詳しい値が問題解決で特に必要でない場合，円周率などを記号化せずに近似値として用いる場合，実測した値をおおよそで表す場合などに活用されています。

近似値は，できる限り真の値に近づけることそれ自体が大切です。真の値と測定値の差，すなわち誤差をどうやって縮めるべきかを考えた上で，場面に応じてどの程度の数値で捉えることが相応しいかを柔軟に考えることが大切です。

（金児正史）

第5章　教員採用試験問題

(1) 次の①から⑤のうち，加法性をもつ量はどれか。すべて答えなさい。

　① 人口密度　② 角の大きさ　③ 重さ　④ かさ　⑤ 濃度

（小学校教員資格認定試験　改）

(2) 大きい円と小さい円がある。大きい円の面積が小さい円の面積の3倍であるとき，大きい円の半径は小さい円の半径の何倍か。

（2015年度栃木県教員採用試験問題　改）

(3) Aの容器に入っている水の量とBの容器に入っている水の量の比は3：2で，Bの容器に入っている水の量とCの容器に入っている水の量の比は4：5である。Cの容器に入っている水の量を量ると300mLだった。AとCの容器のどちらにどれだけ多くの水が入っているか求めなさい。ただし，求める式と計算の過程も書くこと。

（2016年度青森県教員採用試験問題　改）

(4) 下の図のように，円錐の容器を，底面が水平になるように固定する。この容器に，一定の割合で水を入れ始めたところ，20秒後に，この容器の深さの$\frac{1}{3}$まで水が入った。この後，同じ割合で水を入れ続けると，あと何秒で容器に水がいっぱいになるか。

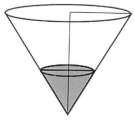

（2018年度北海道・札幌市教員採用試験問題　改）

第6章

変化と関係について

この章では，算数科の「変化と関係」領域である，比例と線形性，割合，速さについてその数学的背景を明らかにします。

1 比例・反比例とは

小学校第6学年の算数教科書には，次のような記述があります。

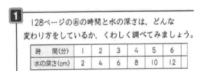
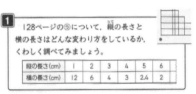

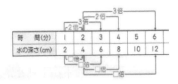
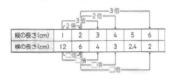

（啓林館，わくわく算数6，128，130，144頁）

比例，反比例の学習においては，伴って変わる2つの数量の関係を表，式，グラフなどを使って考察することを通して，比例や反比例の意味を知り，変化の特徴を調べる方法を理解していきます。ここでは，次の2つの課題について，数学的に考えていきます。

（1）比例とはどのような性質をもつのでしょうか。

（2）反比例とはどのような性質をもつのでしょうか。

（1）　比例

　比例については，小学校と中学校で2度学びますが，その定義が異なっていることに注意が必要です。小学校においては，第5学年において，「2つの変わる量□と○があって，□が2倍，3倍，…になると，○も2倍，3倍，…になるとき，○は□に比例する」と定義します。中学校においては，第1学年において，「y が x の関数で，$y = kx$（k は定数）で表されるとき，y は x に比例する」と定義します。

　関数としてみたとき，比例は次のような性質を満たしています。

関数 f が，次の2つの性質を満たすとき線形であるという。

・任意の x に対して，$f(cx) = cf(x)$（c は0でない定数）（斉次性）

・任意の x_1，x_2 に対して，$f(x_1+x_2) = f(x_1) + f(x_2)$ （加法性）

　比例が，このような線形であることは次のように証明できます。

（証明1）

$f(x) = kx$（$k \neq 0$）とおく。

ⅰ）斉次性の証明

$$f(cx) = k(cx)$$
$$= c(kx)$$
$$= cf(x)$$
ゆえに $f(cx) = cf(x)$

ⅱ）加法性の証明

$$f(x_1+x_2) = k(x_1+x_2)$$
$$= kx_1+kx_2$$
$$= f(x_1)+f(x_2)$$
ゆえに $f(x_1+x_2) = f(x_1)+f(x_2)$

　$f(cx) = cf(x)$ は，例えば，$c = 2$ のとき x を2倍すると $f(x)$ も2倍になること，$c = 3$ のとき x を3倍すると $f(x)$ も3倍になることを示しています。つまり，x を2倍，3倍，…すると，$f(x)$ も2倍，3倍，…になることを示し，長さなどがこれにあたります。逆に，関数 f が線形であるならば，$f(x) = cx$（$c \neq 0$）で表されることは，次のように証明できます。

（証明 2）

関数 f を線形とすると，0 でない定数 k に対して $f(kx) = kf(x)$ が成り立つので，x と $f(x)$ の比は常に一定値である。その比を $c(c \neq 0)$ とすると，$f(x) = cx$

上の 2 つの証明から，「比例である」ことと「線形の関数である」ことは互いに一方から他方の性質を導けるので，同値であることがわかります。比例は線形の関数ですので，グラフは図 6-1 のように原点を通る直線になります。比例は，線形の性質を満たしていますので，次の式が成り立ちます。

$$f(ax_1 + bx_2) = af(x_1) + bf(x_2)$$

このとき，f は線形性をもつといいます。関数が線形性をもつかどうかは，関数の特徴の 1 つです。例えば，$\sin(x+y) \neq \sin x + \sin y$ のように三角関数は，線形性を満たしません。関数の多くは，このような都合のよい性質をもっていません。線形性をもつかどうかはグラフの形状でも容易に確認できます。

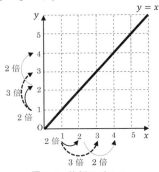

図 6-1　比例のグラフ

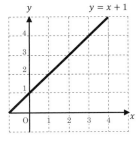

図 6-2　一次関数のグラフ

「1 つの量が 2 倍，3 倍，…になると，もう 1 つの量も 2 倍，3 倍，…になる」という関係は，比例にだけ成り立つ関係であり，他の関数では成り立ちません（図 6-2）。中学校に入り関数について学ぶと，比例と一次関数の性質を混同してしまうことが問題になります。「比例であれば，変化の割合は一定であり，グラフは一直線になる」ことは正しいのですが，その逆は必ずしも成り立ちません。ただし，図 6-2 のような一次関数

$y = x + 1$ を $y - 1 = x$ と変形し，$y - 1$ を Y とおけば Y $= x$ となり，比例とみることができます。これにより，比例の性質に基づく様々な予測ができるようになります。平行移動したり，局所的な変化をみたりすることで，関数に比例の性質を見出そうとするのは，その関数において加減乗除の簡潔な法則性が保たれることになり，関数を用いて事象が捉えやすくなるからです。このようなことから，比例と一次関数を特殊・一般の関係でしっかりと捉えることだけでなく，「比例とみる」という着想の数学的な重要性を理解することが必要です。

（2） 反比例

比例（正比例）と同様に，反比例の定義は小学校と中学校で異なります。それぞれ次のように定義されます。

① 1つの量が2倍，3倍，…になると，もう1つの数量が $\frac{1}{2}$ 倍，$\frac{1}{3}$ 倍，…になる。

② 対応する2組の量 (x_1, y_1)，(x_2, y_2) をとると，$x_1 y_1 = x_2 y_2$ である。

①は同種の量の変化から反比例をとらえる考え方であり，②は異種の量の割合から反比例をとらえる考え方です。

分数関数 $y = \dfrac{cx + d}{ax + b}$ $(a \neq 0,\ ad - bc \neq 0)$ において，$b = 0$，$c = 0$，$d = ak\,(k \neq 0)$ とすると，$y = \dfrac{k}{x}$ となります。したがって，反比例は分数関数の特殊な場合と考えられます。

反比例のグラフは双曲線です。例えば，$f(x) = \dfrac{k}{x}$ において，$f(cx)$ に $c = 3$，$x = 2$ を代入すると，$f(3 \times 2) = \dfrac{k}{3 \times 2} = \dfrac{1}{3} f(2) \neq 3f(2)$ となり，$f(cx) = cf(x)$ が成り立ちません。反比例は線形の関数ではないことがわかります（図6-3）。また，図6-3において長方形 PQOR と長方形 P′Q′OR′ の面積が等しいことも興味深い性質です。

双曲線は次のように定義されます。

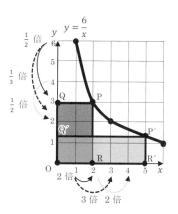

図6-3　反比例のグラフ

2定点からの距離の差が一定である点の軌跡を双曲線という。

　直交座標における双曲線の標準方程式は，次の式で表せる。

$$\frac{x^2}{a^2} - \frac{y^2}{b^2} = 1$$

　反比例のグラフが双曲線であることは，グラフを回転させることで確認できます。$xy = 1$ を，原点を中心に $\frac{\pi}{4}$ だけ回転させると，$\frac{x^2}{2} - \frac{y^2}{2} = 1$ となり，双曲線とわかります（図6-4）。

　反比例のグラフを描いたとき，定義から対応する座標 $(x_1,\ y_1)$ の積 $x_1 y_1$ は一定であることはわかりますが，2定点からの距離の差が一定であるかはすぐには判断できません。反比例のグラフが本当に双曲線であるかは，2本の定直線に下ろした垂線の長さの積が一定な点の軌跡が双曲線であることを示せば証明できます。

　これまでに示してきたように，小学校から学ぶ比例と反比例は，同じ単元で扱うことが多いのですが，その特徴は大き

点(x,y)を $\frac{\pi}{4}$ 回転させた点(x',y')は，次のように表せます。

$$x' = x\cos\left(\theta + \frac{\pi}{4}\right)$$
$$= x\cos\left(\frac{\pi}{4}\right) - y\sin\left(\frac{\pi}{4}\right)$$
$$= \frac{1}{\sqrt{2}}\,(x - y)$$
$$y' = x\sin\left(\theta + \frac{\pi}{4}\right)$$
$$= y\cos\left(\frac{\pi}{4}\right) + x\sin\left(\frac{\pi}{4}\right)$$
$$= \frac{1}{\sqrt{2}}\,(x + y)$$

$$x'y' = \left\{\frac{1}{\sqrt{2}}\,(x - y)\right\}\left\{\frac{1}{\sqrt{2}}\,(x + y)\right\}$$

$$= \frac{x^2}{2} - \frac{y^2}{2} = 1$$

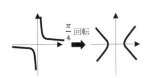

図6-4　反比例のグラフの回転

く異なっています。比例は，最も基本的な関数である一次関数の特殊な場合であり，後に微分学へと繋がり，工学や経済学をはじめ，多くの分野に応用される重要な概念です。反比例も一方が他方の逆数に比例するという簡潔な関係が多くの現象を捉えるのに適しており重要な関数です。また，反比例のグラフである双曲線は，楕円，放物線とともに，円錐を任意の平面で切断したときの断面として得られる円錐曲線であり，その美しさからユークリッド原論以来，様々に探究されてきました。比例や反比例を皮切りに，更に多くの様々な関数の特徴を学ぶことで，身の回りの事象の変化について一層深い理解が可能になります。　　　　　　　　　　（秋田美代）

2　割合とは

　小学校第5学年の算数教科書には，次のような記述があります。

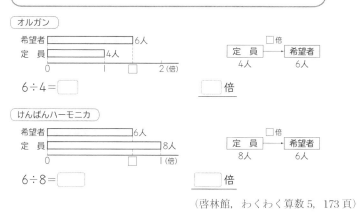

（啓林館，わくわく算数5，173頁）

　2つの数 a, b があるとき，差 $a-b$ をとって0を指標に大小を較べる方法と，商 $\dfrac{a}{b}$ をとって1を指標に大小を比べる方法があります。割合はこの後者であり，単位（基準）の大きさを任意にして測った測定値を意味しています。この割合は，算数教材においてその理解が難しい内容の1つですが，ここでは，次の2つの課題について，数学的に考えていきます。

---

(1) 同種の2量の割合はどういう意味をもっており，その難しさは何が原因なのでしょうか。

(2) 異種の2量の割合の本質をどのように捉えるべきでしょうか。

（1）　同種の2量の割合

　上述のように，割合とは詰まるところ測定値であり，測る数（単位）と測られる数（測定対象）とが同じ測度空間にあることが前提なので，"同

種"の2量の割合という語用に同語反復を感じるかもしれませんが，本節では後述の異種の2量の割合と対比する上でこう言い表します。この割合の理解が難しい理由として，割合が数と数の対応から成立する関係概念であり，相対的な認識が必要なことがあげられます。例えば，図6-5の数直線（関数尺）でみれば，a の b に対する割合を p とすると，b の a に対する割合は $\frac{1}{p}$ になります。基準を任意に交換できる意味では，絶対値ならぬ"相対値"なのです。

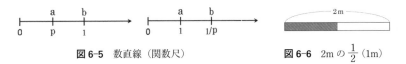

図 6-5　数直線（関数尺）　　　　図 6-6　2m の $\frac{1}{2}$（1m）

そこには，絶対値が1ではない数を相対的に1（基準）と見立てる難しさや，部分全体構造から場面での全体を1（10割，100%）とみることとの混同が生じます。また，割合の複雑さは他にもあります。小学校第2学年から倍概念を指導しますが，例えば「a は b の3倍（$a = 3b$）」というとき，この"3"は b を1（基準）とみたときの a の割合ともみられます。第3学年では全体を部分に取り分ける除法（包含除）を指導しますが，これは正に2つの数量の割合を見出す算法です。第6学年で指導する比 $a : b$ は順序対の一種として b を基準とする割合（比の値）の表現形式でもあります。そもそも，自然数は1を決めてその幾つかで構成することから数それ自体が割合だとみられるのです。このように，倍や比，割合は数学的にみて近接あるいは同様な内容を，扱う文脈に応じて便宜的に違う名称で呼んでいると言えます。この割合の教材研究には，基にする数量 a に対して比べる数量 b から割合 p を導く第一用法 $p = \frac{b}{a}$，第二用法 $b = a \times p$，第三用法 $a = \frac{b}{p}$ という算数のレトリックがあります。これらは問題解決で実際に求められる思考の順逆をふまえてバランスよく教材配列を行う上で教師にとって有益な枠組みではありますが，この三用法を「ことばの式」にして形式化して子ども達に直接教えたり，過度に拘泥する必要はありません。割合の本義に戻り，何を基にして何と比べて（測って）いるのかを関係図や数直線を用いて見通しをつける方が大切です。

（2） 異種の 2 量の割合

小学校第 5 学年の算数教科書には，次のような記述があります。

走った道のりと時間

	キリン	カンガルー	ダチョウ
道のり(m)	160	200	160
時　間(秒)	10	10	7

1 上の表は，キリン，カンガルー，ダチョウの，
走った道のりと時間を表しています。
どの動物がいちばん速いですか。

(啓林館，わくわく算数 5, 221 頁)

　　数学史を顧みると，「ユークリッド原論」では，比は同種の 2 つの大き
さに関する関係であると定義されています。現代の記法で書けば，$a : b$
$= c : d$ のとき，a と b $(a, b \in \mathrm{M_1})$，c と d $(c, d \in \mathrm{M_2})$ は各々同種の量
でなければならず，$\frac{a}{b}$ や $\frac{c}{d}$ はスカラー，すなわち大きさだけをもち，他
の属性をもたず座標系によらない純粋数（無次元量）になります。しか
し，異なる 2 量の積 ad や bc，異なる 2 量の商 $\frac{a}{c}$ や $\frac{b}{d}$ は扱われませんで
した。その背後には存在を幾何的に解釈する古代ギリシアの思想がありま
す。紙幅の関係上，詳細には触れませんが，「原論」が比例論を，量に関
わる第 V 巻と数に関わる第Ⅶ巻に分けて論じた理由や，数学と物理学の分
枝の問題と通底しています（Ohara, 2000）。この問題は，2 つの数量の比
や割合を考える上で，純粋数を計算処理した上で様々な現象と自在に対応
させるのか，物理量そのものを構成する座標や次元を含めて扱うのかとい
う立場の違いに帰着します。この違いは，式に助数詞を書き入れること，
つまり名数式を許容すべきかという身近な問題から，算数の根源を各々の
線形空間における演算と見るのか，ピアジェのように圏（カテゴリー）に
おける写像の合成，双線形でのテンソル積まで見据えるのか，という数学
的背景の見据え方に関連するものです。例えば，数学者であるボホナー

は，科学史を論じる上で，異種の2量の割合を考えることを物理学や関数観念の萌芽とみています。図6-7右のように関数尺としての比例数直線を座標として直交させれば関数の様相がグラフとして可視化されます。異なる測度空間に属する2つの数量 x, y $(x \in M_1, y \in M_2)$ が比例関係 $y = ax$ にあるとき，単位量あたりの大きさを求めることは，比例定数 $a = f(1)$ を求めることになります。また，図6-8左は3つの既測値から残りの4つ目の値を求める三数法の図です。M は物理量（Magnitude）を示すこともありますが，例えば，食塩水の濃度のように水と食塩の共通属性（質量）を共に量って概念化する場合もあるので測度空間（Measure space）を表します。

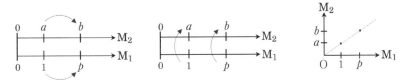

図 6-7 関数尺としての比例数直線とグラフ

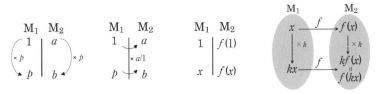

図 6-8 三数法における思考の違い

こうした異種の2量の割合を指導する上で重要なのは，新しい量を概念化によって創り出すという意識です。既測量から新たな量を関数的に創造する意識をもつ上で，一般的である速度や濃度だけでなく，仕事算での作業能率や機械の稼働燃費などの題材も取り扱う価値があるでしょう。

（小原　豊）

3 速さとは

小学校第5学年の算数教科書には，次のような記述があります。

---

3 Aの自動車は150kmを2時間で，Bの自動車は240kmを3時間で進みました。
AとBの自動車では，どちらが速いですか。

(めあて) 1時間あたりに進んだ道のりで，速さをくらべよう。

A　150÷2＝75
　　1時間あたり75km

```
0        75      150(km)
|--------|--------|
0        1        2 (時間)
```

B　240÷3＝80
　　1時間あたり80km

```
0        80              240(km)
|--------|-------|
0        1               3 (時間)
```

　◻︎の自動車のほうが速い。

速さは，単位時間に進む道のりで表します。

(まとめ) 速さの求め方

速さは，次の式で求めることができます。
速さ＝道のり÷時間

（啓林館，わくわく算数5，222頁）

　速さの学習では，既習である平均や単位量あたりの大きさを基に，「速さを求めること」「道のりを求めること」「時間を求めること」や「時速」「分速」「秒速」の関係について学びます。

　ここでは，次の2つの課題について，数学的に考えていきます。

（1）速さと速度は，どのように違うのでしょうか。
（2）速さは，足すことができるのでしょうか。

（1）　速さと速度の数学的な定義

　小学校で扱う速さは，平均の速さです。ここでは，直線上の点の移動と平面上の点の移動における平均の速さと速度を考えます。

①　直線上の点の運動

　直線上を運動する点 P の座標 x が，時刻 t の関数として，

$$x = f(t)$$

と表されるとします。時刻 t から Δt 時間後の時刻 $t + \Delta t$ における点 P の位置は $f(t + \Delta t)$ ですので，時間 Δt の間に点 P は，

$$f(t + \Delta t) - f(t)$$

だけ移動したことになります。上の式を $\Delta x = f(t + \Delta t) - f(t)$ と表します。図 6-9 は，直線上の点 P の位置の変化を表します。

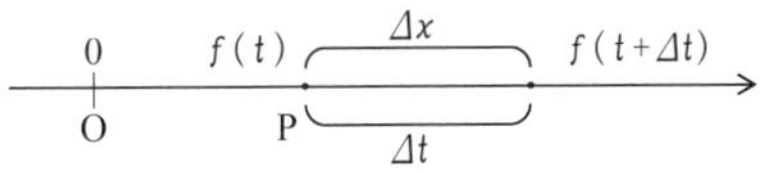

図 6-9　直線上の点 P の位置の変化

　したがって，時刻 t から時刻 $t + \Delta t$ までの平均変化率 v は，

$$v = \frac{\Delta x}{\Delta t} = \frac{f(t + \Delta t) - f(t)}{\Delta t}$$

です。この平均変化率 v の絶対値 $|v|$ を平均の速さといいます。上の平均変化率の式において，$\Delta t \to 0$ としたときの極限値を $\frac{dx}{dt}$ と表すと，

$$\frac{dx}{dt} = \lim_{\Delta t \to 0} \frac{f(t + \Delta t) - f(t)}{\Delta t}$$

と表されます。このとき，$\frac{dx}{dt}$ を時刻 t における点 P の速度といい，記号 $\vec{v}$ で表します。つまり，$\vec{v} = \frac{dx}{dt}$ です。また，速度の絶対値 $|\vec{v}|$ を時刻 t における点 P の速さといいます。平均の速さ，時刻 t における速度，速さという用語は，きちんと使い分けることが大切です。速度は，○○の向きへ△△の大きさでというように，向きと大きさをもつ量であり，大きさを速さと呼びます。

② 平面上の点の運動

座標平面上において，時刻 t における点 P の位置を (x, y) とします。x, y は，ともに t の関数です。これを

$$x = f(t), \quad y = g(t)$$

と表しますと，点 P の時刻 t における位置は，

$$(f(t), \quad g(t))$$

であり，点 P の軌跡は，t の変化に伴って曲線を描きます。この曲線を記号 C で表します。時刻 t から時刻 $t + \Delta t$ まで変わるときの点 P の x 軸方向，y 軸方向の位置の変化を，それぞれ，Δx, Δy としますと，

$$\Delta x = f(t + \Delta t) - f(t)$$
$$\Delta y = g(t + \Delta t) - g(t)$$

と表されます。図 6-10 は，点 P の x 軸方向，y 軸方向への位置の変化を表します。

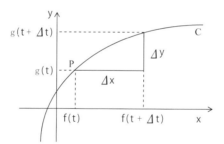

図 6-10 点 P の x 軸方向，y 軸方向への位置の変化

これらの時刻の変化 Δt に対する割合 $\left(\dfrac{\Delta x}{\Delta t}, \dfrac{\Delta y}{\Delta t} \right)$ を考え，$\Delta t \to 0$ としたときの極限値を求めますと，$\left(\dfrac{dx}{dt}, \dfrac{dy}{dt} \right)$ と表され，これを時刻 t における点 P の速度といい，$\vec{v}$ で表します。

$\dfrac{dx}{dt}$ を速度 $\vec{v}$ の x 成分，$\dfrac{dy}{dt}$ を速度 $\vec{v}$ の y 成分といい，

$$|\vec{v}| = \sqrt{\left(\frac{dx}{dt} \right)^2 + \left(\frac{dy}{dt} \right)^2}$$

と表します。速度 $\vec{v}$ の向きは，速度 $\vec{v}$ と x 軸とのなす角を θ とすると，

$$\tan \theta = \frac{\dfrac{dy}{dt}}{\dfrac{dx}{dt}}$$

と表されます。

(2) 速さの加法性

　物体が運動しているとき，その運動の速い遅いは，ある程度感覚的に捉えられます。つまり，速さを量として捉える素地は培われていると考えられます。小学校算数科において取り扱う速さは，平均の速さを指しています。すなわち，運動が一様で，時間と道のりが比例していることを仮定しています。運動の初期値や変化は，対象にしていません。また，速さを比べる場合，一定の道のりを進む所要時間から速さを求める方法に関して，50m走などの実体験から，子どもは理解しやすいのですが，一定時間に進む道のりから速さを求める方法は，理解しにくいようです。

　内包量としての速さには，物体の合併に基づく加法性は成立しません。例えば，30km/時の速さで走っていた自動車がスピードを20km/時上げて，50km/時に変わったので，変化量としての「30 + 20 = 50（km/時）」は成り立ちますが，速さについては，「30（km/時）+ 20（km/時）= 50（km/時）」は，一般的には成り立ちません。速さは，（道のり）÷（所要時間）から求められますが，「30（km/時）+ 20（km/時）」が確定されていません。速さの算出においては，全体の道のりと所要時間を求める必要があります。例えば，120kmの道のり行きは60（km/時），帰りは40（km/時）の速さで往復したとき，要した時間は，それぞれ，「120km ÷ 60（km/時）= 2時間」，「120km ÷ 40（km/時）= 3時間」と表され，平均の速さは，「240km ÷（2時間 + 3時間）= 48（km/時）」となります。速さ同士を直接加えたり，安易に算術的（相加的）な平均をとったりしてはいけません。

（廣瀬隆司）

(1)　反比例 $y = \dfrac{48}{x}$ で x の値が 2 から 8 まで増加した時の変化の割合を求めなさい。

（2016 年度沖縄県教員採用試験問題　改）

(2)　A 中学校では，男子生徒のほうが女子生徒よりも 50 人少なく，男子生徒の 10 ％，女子生徒の 5 ％，合わせて 34 人がバスケ部に入っている。A 中学校の男子と女子のそれぞれの生徒数を求めなさい。

（2017 年度茨城県教員採用試験問題　改）

(3)　つばさくんは，午前 7 時に家を出てバイクで時速 30km で駅に向かうと，新幹線の発車時刻の 10 分前に着く予定でした。しかし，家を出るのが午前 7 時 30 分になってしまったため，時速 45km で急ぎましたが，駅に着いたのは新幹線の発車時刻の 10 分後でした。家から駅までの道のりは何 km あるか求めなさい。

（2018 年度京都市小学校教員採用試験問題　改）

(4)　赤，青，白，緑の 4 本のロープがある。赤ロープの長さは青ロープの長さの a 倍である。白ロープは b cm で，白ロープは緑ロープの c 倍である。また緑ロープは青ロープの d 倍である。このとき，赤ロープの長さを a ～ d の文字を用いて表しなさい。

（2018 年度沖縄県教員採用試験問題　改）

データの活用について

この章では，算数科の「データの活用」領域である，標本と分布，場合の数，平均についてその数学的背景を明らかにします。

1 標本と分布とは

小学校第6学年の算数教科書には，以下のような記述があります。

6年1組				6年2組				6年3組			
番号	記録(m)	番号	記録(m)	番号	記録(m)	番号	記録(m)	番号	記録(m)	番号	記録(m)
①	27	⑮	23	①	22	⑮	26	①	14	⑮	23
②	17	⑯	20	②	18	⑯	20	②	24	⑯	37
③	20	⑰	35	③	31	⑰	30	③	29	⑰	27
④	21	⑱	14	④	35	⑱	18	④	16	⑱	24
⑤	17	⑲	33	⑤	22	⑲	32	⑤	38	⑲	23
⑥	32	⑳	31	⑥	28	⑳	28	⑥	24	⑳	32
⑦	27	㉑	26	⑦	27	㉑	27	⑦	33	㉑	32
⑧	18	㉒	28	⑧	19	㉒	29	⑧	24	㉒	28
⑨	34	㉓	35	⑨	31	㉓	33	⑨	36	㉓	29
⑩	41	㉔	13	⑩	33	㉔	17	⑩	40	㉔	19
⑪	24	㉕	26	⑪	26	㉕	26	⑪	19	㉕	17
⑫	28	㉖	21	⑫	30	㉖	23	⑫	25	㉖	20
⑬	32	㉗	24	⑬	24			⑬	40	㉗	23
⑭	37	㉘	24	⑭	21			⑭	33		

上の記録は，だいきさんの学校の6年1組，2組，3組のソフトボール投げの結果を表したものです。この記録から調べてみたいことを話しあってみましょう。

(啓林館，わくわく算数6，164頁)

小学校では，こうした身近なデータについて，データの散らばりを数直線上に表したり，データの分布をいろいろなグラフで可視化したり，平均や散らばりの様子を数値に要約したりすることが用いられます。子どもは，身の回りにある身近なデータから目的に応じて収集されたデータなどの分布について，グラフへの可視化や平均や標準偏差といった数値要約によって，理解を深めていきます。

ここでは，次の2つの課題について統計学の視点から考えていきます。

（1）　ヒストグラムによる分布の可視化

　図7-1は，前頁に示した6年1組，2組，および3組のソフトボール投げの記録について，数直線上に点を打って表したものです。こうしてみると，最も短い距離は13m，最も長い距離は41mであり，それぞれ1名ずついること，24m投げた児童が最も多く8名いることがわかります。また，多くの6年生は16mから35mくらいの距離を投げていることがわかります。このようにデータが散らばっている様子のことを分布といい，分布をみることでデータの特徴がわかります。

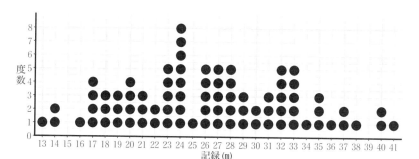

図7-1　6年生のソフトボール投げ記録のドットプロット

　図7-1のような任意の一定間隔（図7-1では1m間隔の距離）やカテゴリごとに区切り，そこの距離に含まれる度数の分布をグラフに表したものをヒストグラムといいます。度数とは，データの数のことを表し，この例の中では人数を表します。また，図7-1で示したヒストグラムのことをドットプロットといい，図7-2のように棒グラフによって度数を示すヒストグラムもあります。

　ヒストグラムに示すことによって，収集したデータの特徴をつかみやす

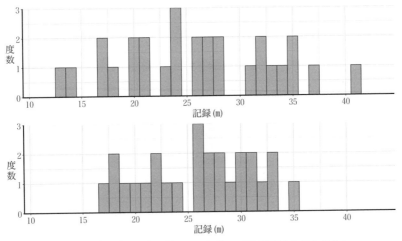

図7-2　6年1組と6年2組のソフトボール投げ記録のヒストグラム

くなり，他の集団との比較も容易になります。例えば，6年1組と6年2組の記録を比較する際も，2つのクラスのデータをヒストグラムにして並べると（図7-2），6年1組は6年2組よりもソフトボール投げの得意な児童と苦手な児童がいること，クラスの平均的な記録にはクラス間で大きな違いがないことがみてとれます。

　なお，分布の特徴は，代表値からわかることもあります。6年1組は平均26.0 m，中央値26.0 m，データの散らばりの大きさの指標である標準偏差は7.2であり，6年2組は平均26.0 m，中央値26.5 m，標準偏差5.2であり，代表値の観点からも6年1組と6年2組には平均的な力には差がないが，6年1組はクラスの中でのばらつきが大きいことがわかります。平均，中央値や標準偏差については3節を参照してください。

　平均や標準偏差といった代表値を確認することで，データがどのように分布しているのかについて，ある程度知ることができますが，データの分布をヒストグラムに

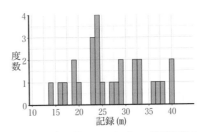

図7-3　6年3組のソフトボール投げ記録の
ヒストグラム

よって確認するほうが望ましいでしょう。例えば，前掲の6年3組のデータでは，平均値は27mとなりますが，中央値は25mとなり，平均値と中央値がずれています。6年3組のヒストグラムを図7-3によって確認すると，30m以上投げる人が多くいるようにみえます。平均値と中央値のずれは，多くの場合データの散らばり方に偏りがあることによって生じてきます。平均値や，特に各データと平均との距離の2乗によって求められる標準偏差は，集団の中ではあまり生じない極端に大きな値や小さな値（外れ値）の影響を受けやすい性質をもっており，平均から離れたデータの方向に偏ってしまいます。そのため，平均や標準偏差といった代表値のみでは，分布の特徴を適切に判断するのは困難になります。ヒストグラムなどによって分布を可視化することは，平均や標準偏差だけでなく，分布の特徴を直感的に理解するのを助け，外れ値の有無を確認することもできます。

（2）　標本と母集団

　これまでに示してきたヒストグラムは，データがもっている情報を視覚的に整理することを目的としていました。そして，平均値や標準偏差といった代表値は，データがもっている情報を1つの値で表現することを目的としています。こうしたデータの特徴を要約した値のことを記述統計といいます。記述統計は，得られたデータの要約が目的であり，記述統計によってわかることは，今回得られたデータがどのような特徴をもっているかということに限られます。先ほどのソフトボール投げの記録を例にすると，自分が担任として受け持つクラス全員のデータが得られていた場合，そのクラスのソフトボール投げの記録がどの程度散らばっているのか，どのくらいがクラスの中で平均といえるのか，といったことがわかります。

　しかし，記述統計だけではわからないこともあります。例えば，前掲の6年1組のソフトボール投げの記録は，全国の6年生全体の記録から考えると平均的といえるのか，といったことや，そもそも全国の6年生のソフトボール投げの記録は，どのくらいが平均であり，どのくらいの散らばりがあるものなのか，といったことはわかりません。また，何らかの指導法

の効果を検討したい場合に，あるデータで向上が確認できた時，今回対象とした児童に偶然変化がみられたのか，一般的にどのような児童に対しても効果がみられるのかは，記述統計だけを確認しても判断することはできません。

　6年生のソフトボール投げの平均的な記録を知ろうと思った場合，全数調査を用いる方法と標本調査によって全体を推測する方法が考えられます。全数調査とは，関心のある対象すべてに調査する方法です。6年生のソフトボール投げの記録で考えると，全国の6年生すべてにソフトボール投げの記録を取り，それらを集計することが必要になります。全数調査を実施すれば知りたいことはわかりますが，実際に全数調査を行うことは困難です。そこで，標本調査によって調査することができます。標本調査とは，母集団の中から一部を抽出して調査を実施することを指します。母集団から得られたデータのことを標本といいます。全国の6年生のソフトボール投げの記録に関心がある場合，本章の最初のページに示した6年生の記録は標本となります。標本から母集団のことを推測することを推測統計といい，選挙の出口調査やテレビ番組の視聴率の調査など，母集団の傾向を知りたいが，母集団のすべての人に調査するのが困難な場合に，様々な領域で使用されます。

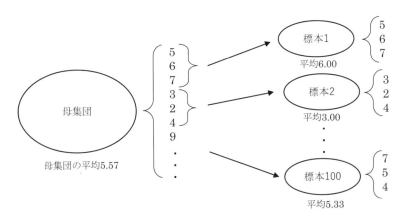

図 7-4　母集団から抽出される標本の変動

母集団の中からランダムに抽出された標本の場合，標本から母集団の特性が推定可能になります。図7-4に示すような母集団があった場合，この母集団から標本を繰り返しとり，それぞれの標本から平均や標準偏差などの代表値が算出できます。標本は母集団からランダムに抽出されるので，それぞれの標本の平均や標準偏差はまったく同じ値にはならず，一定程度ばらつくことがわかっています。繰り返し標本を抽出することで，標本の平均などについての分布も理論的に導出することが可能となります。

　例えば，標本の平均についての分布における平均（期待値）は，母集団の平均との差分が0であり，一致することがわかっています。また，標本の平均についての分布の標準偏差は，以下のように求めることができ，これは標準誤差と呼ばれます。

$$標準誤差 = \frac{標準偏差}{\sqrt{データの数}}$$

　標準誤差を利用すると，以下の式によって，標本の情報から95％信頼区間と呼ばれる母集団に関して推測をすることができます。図7-4に示す母集団を仮定した95％信頼区間の場合，標本抽出を100回繰り返して，それぞれの標本について95％信頼区間を求めたとすると，母集団の平均を含む標本が95個あることを意味します（図7-5）。

$$標本平均 - 1.96 \times 標準誤差 \leqq 標本平均 \leqq 標本平均 + 1.96 \times 標準誤差$$

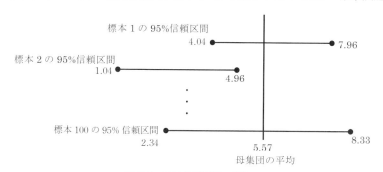

図7-5　95％信頼区間の意味

次に，データの散らばりの指標となる標準偏差や分散について考えま

す。標準偏差は分散の平方根の値であり，母集団の散らばりを考える際には，できるだけ単純化するために標準偏差ではなく分散を指標として考えていきます。平均のときと同様に，同じ母集団から標本を繰り返しとり，それぞれの標本についての分散を求め，標本の分散における分布の平均（期待値）は，以下のような式になることが知られています。

$$標本の分散における分布の平均（期待値）= \frac{データの数-1}{データの数} \times 分散$$

　ここから母集団の分散との差を求めると，0にはならず，分散をデータの数で除した値分だけ異なります。上の式をみるとわかるように，標本の分散は母集団の分散よりも小さくなっており，偏りのある値であることがわかります。平均のときのように母集団と期待値との差が0になることは，推定値に偏りがないことを意味することから，不偏性があるといいます。なお，不偏性のある分散のことを不偏分散といい，以下の式によって求めることができます。

$$不偏分散 = \frac{（測定値-平均値）^2 \, の和}{データの数-1}$$

　得られたデータを標本として扱い，その背景にある母集団を想定することで，今，手元にあるデータは，どのくらい変動するものか知る手がかりを得ることができます。データを取り扱う際には，どのような集団から得られたデータだと考えるのかによって，データを集めていない人のことについても推測できるようになります。

（徳岡　大）

2 場合の数とは

小学校第 6 学年の算数教科書には，次のような記述があります。

> **1** あおいさん，いくとさん，うみひこさん，えりさんの 4 人で
> リレーのチームを作り，1 人 1 回ずつ走ります。
>   走る順序には，どんなものがあるか調べましょう。

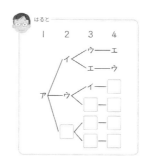

（東京書籍，新しい算数 6，165-166 頁）

　平成 29，30 年に告示された学習指導要領では，小・中・高とも数量関係領域における統計的な内容が従来よりもいっそう拡充されています。場合の数は，統計や確率の基礎としてますます大切になっています。

　上の教科書の問題では，走る順番について，様々な場合をもれなく数え上げる方法として，すべての順番を辞書のルールで書き並べる「辞書式配列」と，可能な人を各順番ごとに記していく「樹形図」を取り上げています。

　ここでは，次の 2 つの課題について，数学的に考えていきます。

（1）場合の数を，もれなく重なりなく数えるにはどのような方法があるのでしょうか。

（2）組合せは，どのような考え方に基づいているのでしょうか。

（1）数え上げと順列

① 数え上げ

　基本的な数え上げ方として，樹形図があります。前頁の教科書の例について，ア，イ，ウ，エの4文字を並べる方法を，樹形図で示すことにします。樹形図の書き方は，次のように説明できます。ただし，アはあおいさん，イはいくとさん，ウはうみひこさん，エはえりさんを表します。

1) 1番目の文字としてア，イ，ウ，エの4通りが考えられます。

2) 2番目の文字として，アにはイ，ウ，エ，イにはア，ウ，エ，ウにはア，イ，エ，エにはア，イ，ウの，それぞれ3通りが考えられます。

3) 3番目の文字として，例えばア―イにはウ，エの，ア―ウにはイ，エの，それぞれ2通りが考えられます。以下同様です。

4) 4番目の文字として，例えばア―イ―ウにはエの1通りがあります。以下同様です。

　このように描くと，図7-6のように，だんだんと枝葉が増えて，木が茂ってきます。

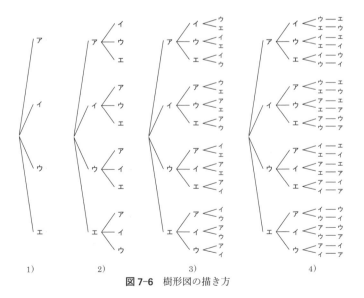

図7-6　樹形図の描き方

この方法は，場合の数が 4 × 3 × 2 × 1 で求められることを説明するのにも便利です。ただ，1)，2)，…と進むにしたがって，あとの方でどのくらい枝と葉が茂るのかが予想しにくいため，図が込み入ってしまうことがあります。十分スペースを作って，必ず全体像を描く工夫が必要です。

樹形図によっては枝や葉の長さが異なることもあります。次の問いの樹形図は，図 7-7 のようになります。パターンは 10 通りです。

問　A，B 2 人が勝負をして，先に 3 回勝った方を優勝とする。
　A 君の優勝パターンは何通りあるか。

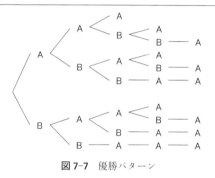

図 7-7　優勝パターン

②　すべて並べる

図 7-6 の樹形図を「A，B，C，D 4 枚のカードを並べる」と解釈すると，並べ方の総数は次のように考えることができます。

1) 1 文字目には 4 通り
2) その各々について，2 文字目には 3 通り
3) さらにその各々について，3 文字目には 2 通り
4) さらにその各々について，4 文字目には 1 通り

図 7-8　並べ方の総数
4 × 3 × 2 × 1

したがって，並べ方の総数は 4 × 3 × 2 × 1 となります（図 7-8）。こ

れを 4! と書き，「4 の階乗」と読みます。異なる n 個のものをすべて並べる順列の総数は，$n!$ になります。

③　選んで並べる

A，B，C，D 4 枚のカードから 2 枚を選んで並べる場合を考えると，図7-9 のように表せます。並べ方の総数は 4×3〔通り〕になります。これを ${}_4P_2$ という記号で表し，「4 個から2 個とって並べた順列」と呼びます。7 個から 3 個とって並べれば ${}_7P_3 = 7 \times 6 \times 5 = 210$〔通り〕です。異なる n 個のものから r 個を取り出して並べる順列の総数 ${}_nP_r$ は次の式で表せます。

図 7-9　${}_4P_2$

$$\underbrace{{}_nP_r = n(n-1)(n-2)\cdots(n-r+1)}_{r個かける}$$

④　いろいろな順列

上の②，③が基本的な順列ですが，その他にも順列と名のつくものがいくつかあります。

A，B，C，D 4 種類のカードから 3 枚を選んで並べる問題で，それぞれのカードが無数にあるとします。ABC や DAC などのほかに，AAB や CCC なども可能です。この場合，図 7-10 に示すように 2 文字目も，3 文字目も 4 通りずつあるので，求める場合の数は，

$4 \times 4 \times 4$ 通り

になります。これを，異なる 4 個から重複を許して 3 個とって並べた重複順列と言います。一般に，異なる n 個から重複を許して r 個とって並べた重複順列の総数は n^r 通りです。r が n より大きい場合もあります。

次に A が 3 枚，B が 2 枚，C が 1 枚，計 6 枚のカードをすべて並べる場合を考えます。仮に A_1，A_2，A_3，B_1，B_2 のように番号をつけ，すべて異なるものと考えると，並べ方は 6! 通りです。ところが実際には A_1，A_2 などは区別しないのですから，番号だけを入れ替えた次のような並びはすべて同じ

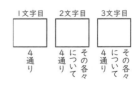

図 7-10　重複順列

ACBAAB とみなすことができます。

$$A_1CB_1A_2A_3B_2,\ A_3CB_2A_1A_2B_1,\ A_2CB_1A_3A_1B_2,\ \cdots$$

これらは 6! 通りの中に A について 3! 通り，その各々に B について 2! 通りずつあるので，求める順列の総数は次のようになります。

$$\frac{6!}{3! \times 2!} = \frac{6 \times 5 \times 4 \times 3 \times 2 \times 1}{3 \times 2 \times 1 \times 2 \times 1} = 60 \text{〔通り〕}$$

一般に n 個の中に同じものが p 個，q 個，…ずつ含まれているとき，これらすべてを並べる順列（同じものを含む順列といいます）の総数は次の式で表されます。

$$\frac{n!}{p!\,q!\,\cdots}$$

もちろん，上記のような名前の付いた順列に単純に当てはまらない場合や，それらを使って計算できない場合も数多くあります。

（2） 組合せ

A，B，C，D 4 枚のカードが，再び 1 枚ずつあるとします。ここから 3 枚をとってくるだけの場合を考えます。これを，異なる 4 個から 3 個とった組合せといいます。総数を樹形図で描くとき，例えば（A, B, C）という組と（C, A, B）は同じとみなせるので，それらを慎重に除いていくと，結局図 7-11 のようなものしか残りません。作成は意外に骨が折れるので，樹形図はあまり向いていないようです。そこで，前項の順列を用いることにします。

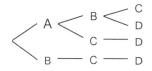

（A, B, C）	（A, B, D）	（A, C, D）	（B, C, D）
A B C	A B D	A C D	B C D
A C B	A D B	A D C	B D C
B A C	B A D	C A D	C B D
B C A	B D A	C D A	C D B
C A B	D A B	D A C	D B C
C B A	D B A	D C A	D C B

図 7-11　3 個の組合せ　　　　図 7-12　3 個の組合せと順列

A, B, C, D 4 枚のカードから 3 枚とって並べるのであれば，その総数は $_4P_3 = 4 \times 3 \times 2 = 24$〔通り〕あります。それらの中で，同じと見なせるものを集めて表にしたものが図 7-12 です。

どの組にも 6 つずつ同じとみなせるものがあるので，組合せの総数は $24 \div 6 = 4$〔通り〕であることがわかります。6 は 3 文字を並べた順列の総数 3! です。そこで，異なる 4 個から 3 個とった組合せの総数を $_4C_3$ という記号で表すことにすると，その値は次のように求めることができます。

$$_4C_3 = \frac{_4P_3}{3!} = \frac{4 \times 3 \times 2}{3 \times 2 \times 1} = 4 \text{〔通り〕}$$

一般に，$r \leqq n$ のとき，異なる n 個のものの中から，r 個のものを取り出して，順序を考慮しないでひと組にしたものを，n 個から r 個とる組合せといい，その総数を $_nC_r$ で表します。$_nC_r$ は次のように表せます。

$$_nC_r = \frac{_nP_r}{r!} = \frac{n!}{r!(n-r)!}$$

次に，A，B，C，D 4 種類それぞれのカードが無数にあるとします。ここから 3 枚をとってくるだけの場合を考えます。これを，異なる 4 個から重複を許して 3 個とった重複組合せといいます。この異なる 4 個から重複を許して 3 個をとる方法は，異なる種類の境を｜（仕切り），とるカードを○と表すと 3 個の○，4 － 1 個の｜計 4 ＋ 3 － 1 個の同じものを含む順列に対応します。つまり，6! 通りの中に○について 3! 通り，その各々に｜について 3! 通りずつあるので，求める順列の総数は次のようになります。

$$\frac{6!}{3! \times 3!} = \frac{6 \times 5 \times 4 \times 3 \times 2 \times 1}{3 \times 2 \times 1 \times 3 \times 2 \times 1} = 20 \text{〔通り〕}$$

一般に，異なる n 個のものから重複を許して r 個とる重複組合せの総数は $_nH_r$ で表します。$_nH_r$ は次のように表せます。

$$_nH_r = _{n+r-1}C_r$$

つまり，今回の重複組合せの問題は次のように求めることができます。

$$_4H_3 = _{4+3-1}C_3 = \frac{_6P_3}{3!} = \frac{6 \times 5 \times 4}{3 \times 2 \times 1} = 20 \text{〔通り〕}$$

（片岡　啓）

3 様々な平均とは

小学校第5学年の算数教科書には，次のような記述があります。

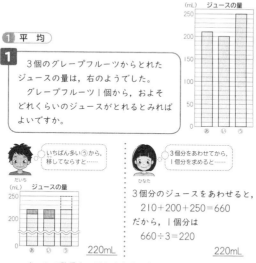

いくつかの数量を，同じ大きさになるようにならしたものを，
それらの数量の**平均**といいます。

（啓林館，わくわく算数5，151頁）

小学校では「ならして同じ大きさにする」という考えで平均を定義します。ここでは，次の2つの課題について，数学的に考えていきます。

（1）平均とは何を，何のために表しているのでしょうか。

（2）平均はいつでも「合計÷個数」で求められるのでしょうか。

　求められないとすれば，どのようなときなのでしょうか。

（1）　代表値 —平均値，中央値，最頻値—

　平均は，あるデータの特徴や傾向を他のデータと比較するために用います。データの特徴や傾向を示す数値を代表値といい，分布の位置を表します。

　表7-2は1組と2組の子どもの身長の測定値を示しています。この2

クラスの平均値をそれぞれ求めた場合，1組の平均値は160 cm，2組の平均値は157 cmとなります。このことから，1組のほうが2組に比べ，全体的に身長がやや高い傾向にあると予想することができます。

表7-2　身長測定の結果

1組	身長(cm)	2組	身長(cm)
Aさん	158	Fさん	150
Bさん	156	Gさん	165
Cさん	163	Hさん	154
Dさん	161	Iさん	160
Eさん	162	Jさん	156

$(158+156+163+161+162) \div 5$

$=800 \div 5$

$=160$　　1組の平均身長：160 cm

$(150+165+154+160+156) \div 5$

$=785 \div 5$

$=157$　　2組の平均身長：157 cm

　平均値はデータの特徴や傾向を表しますが，外れ値に大きく影響を受けるという欠点があります。外れ値とは，極端に小さな値や大きな値のことをいいます。表7-2においていえば，Kさんの5やTさんの73です。データに外れ値がある場合，そのデータの特徴や傾向を知るため，外れ値に影響されない中央値（メジアン）や最頻値（モード）が役に立ちます。

表7-3　ソフトボール投げの記録

1組	Kさん	Lさん	Mさん	Nさん	Oさん	Pさん	Qさん	Rさん	Sさん	Tさん
記録(m)	5	20	22	24	24	25	25	25	27	73

　中央値は，データを数値順に並べたときの真ん中の値です。データの数が奇数の場合は$\frac{n+1}{2}$番目の数値，偶数の場合は$\frac{n}{2}$番目と$\frac{n}{2}+1$番目の数値の平均が中央値になります。表7-3を例に挙げれば，データの数が偶数であるため$\frac{n}{2}$番目と$\frac{n}{2}+1$番目，つまりOさんとPさんの平均値24.5mが中央値となります。仮にデータがSさんまでの場合，データの数が奇数になるため中央値は$\frac{n+1}{2}$番目の24mになります。中央値は確かに外れ値には影響されませんが，欠点として値を求める段階で多くのデータを扱わないという点があります。

　最頻値は，データの中で最も多く現れる値です。表7-3であれば，記録25mがPさん，Qさん，Rさんの3人で最も多いので，最頻値は25m

となります。最頻値も中央値と同様に値を求める段階で多くのデータを扱わないという欠点があります。また、データによっては最頻値がない場合もあることが欠点です。これら中央値や最頻値も代表値です。

平均値、中央値、最頻値はデータが一つの山のような分布をするとき、その大小関係が図 7-12 のように歪み方によって決まります。

右に歪んだ分布　　　　左右対称な分布　　　　左に歪んだ分布

最頻値＜中央値＜算術平均　　算術平均＝中央値＝最頻値　　算術平均＜中央値＜最頻値

図 7-12　代表値の大小関係

「平均＝合計÷個数」で求める相加平均は、外れ値に影響されますが、トリム平均であれば、外れ値を取り除いて平均値を求めることができます。トリム平均とは、データを数値順に並べ、データの数を 100 ％としたとき、それぞれ端から、例えば 5 ％や 10 ％の部分を取り除き、残りの相加平均を求める方法です。表 7-3 で 10 ％トリム平均を求めると総データ数は 10 であるため、図 7-13 のようにそれぞれ 5 と 73 が 10 ％にあたります。残りの相加平均を求めるため 192 ÷ 8 ＝ 24、つまり 10 ％トリム平均は 24m となります。通常の相加平均であれば 27m となるため、10 ％トリム平均を扱う方が中央値や最頻値と近いため、望ましいでしょう。

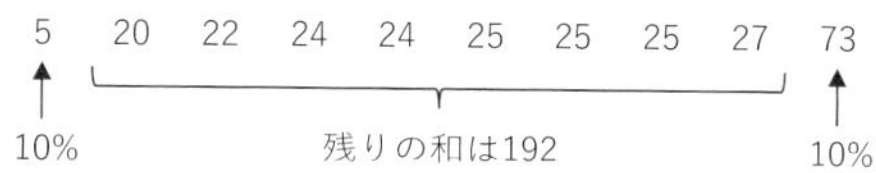

5　20　22　24　24　25　25　25　27　73

10%　　　　　残りの和は 192　　　　10%

図 7-13　トリム平均

（2）　様々な平均

平均には①相加平均②相乗平均③調和平均があります。先述したように「合計÷個数」として求めている平均は、相加平均（算術平均）を指します。ここまで相加平均を扱ってきましたが、この方法では外れ値があるときのように適切に平均を求めることができない場合があります。例えば、変化率を平均する場合は相乗平均を扱います。

相乗平均とは、幾何平均とも呼ばれ、変量をかけ合わせ、開いて根を求

める方法です。相乗平均 G は次のように表されます。

$$G = \sqrt[n]{x_1 \times x_2 \times x_3 \times \cdots \cdots \times x_n}$$

このことから，相乗平均は正の数のみ扱うことができます。データに 0 が含まれる場合は，積が 0 になるため相乗平均も 0 になり，積が負になる場合は相乗平均が虚数になるためです。次のようにも表せます。

$$\sqrt[n]{x_1 \times x_2 \times x_3 \times \cdots \cdots \times x_n} = (x_1 \times x_2 \times x_3 \times \cdots \cdots \times x_n)^{\frac{1}{n}}$$

相乗平均 G の $\log_a$ をとると

$$\begin{aligned}
\log_a G &= \log_a (x_1 \times x_2 \times x_3 \times \cdots \cdots \times x_n)^{\frac{1}{n}} \\
&= \frac{1}{n} \log_a (x_1 \times x_2 \times x_3 \times \cdots \cdots \times x_n) \\
&= \frac{1}{n} (\log_a x_1 + \log_a x_2 + \log_a x_3 + \cdots \cdots + \log_a x_n)
\end{aligned}$$

このように，相乗平均は対数を用いて，相加平均とみることができます。次の場面を考えます。

　ある商品の値段が今年 2 倍になりました。さらに翌年には，その 8 倍になりました。平均すると，1 年で何倍になっているでしょうか。

仮に商品が 100 円だったとすると，今年 2 倍なので 200 円となり，翌年にはその 8 倍ですので 200 × 8=1600〔円〕となります。相乗平均を用いると図 7-14 のようになり，平均は 4 倍です。(2+8)÷2=5 として相加平均を求めると，1 年で平均 5 倍に，翌年には 25 倍になるので，この場面を相加平均で求めることは，適切ではありません。

$$\sqrt{\underset{\substack{\text{今年} \quad \text{翌年}}}{2 \times 8}} = \sqrt{16}$$
$$= 4$$

図 7-14 相乗平均

逆数の形で表される変量を平均する場合は，調和平均が便利です。調和平均は，n 個の変量を x_1, x_2, …, x_n としたものを逆数変換し計算します。調和平均 H は図 7-15 のように表されます。次の場面を考えます。

$$\frac{1}{H} = \frac{1}{n} \left(\frac{1}{x_1} + \frac{1}{x_2} + \cdots + \frac{1}{x_n} \right)$$

$$H = \frac{n}{\dfrac{1}{x_1} + \dfrac{1}{x_2} + \cdots + \dfrac{1}{x_n}}$$

図 7-15 調和平均

横浜市から千葉市までの100kmを自動車でドライブしました。行きは平均時速50km，帰りは渋滞していたので平均時速30kmで走りました。この往復の平均時速は何kmですか。

これを相加平均で求めると，$(50 + 30) \div 2 = 40$ より，平均時速は40kmということになります。しかし，「道のり÷時間」という速さの定義に戻って考えると，往復で200kmの道のりを $\frac{100}{50} + \frac{100}{30}$ 時間で走ったので，正しい往復の平均時速は37.5kmであり，これは図7-16のように調和平均で求めることができます。

$$\frac{2}{\frac{1}{50} + \frac{1}{30}} = \frac{2}{\frac{3}{150} + \frac{5}{150}}$$
$$= 37.5$$

図7-16 平均時速

このように平均時速の問題は，調和平均の方法で平均を求めることができます。ただし，今回の問題のように行きの距離と帰りの距離が同じという場合に限ります。

任意の2つの正の数 a, b に対し，a, b の相加平均 A，相乗平均 G，調和平均 H は，$A \geq G \geq H$ が成り立ちます。これを幾何的に表したものが図7-17です。点Oを中心とする半円の直径を線分ABとし，線分AB上の点P（$P \neq A, B$）を通り線分ABに垂直な直線と弧ABの交点をC，点Pから半径OCに下ろした垂線の足をDとします。

このとき，OCは半径であることから

$$OC = \frac{a+b}{2} \quad \text{（相加平均）}$$

$\angle ACP = \angle CBP$，$\angle APC = \angle CPB = 90°$ より，

$\triangle ACP \infty \triangle CBP$ なので，$AP : CP = CP : BP$

$$CP = \sqrt{AP \cdot BP} = \sqrt{ab} \quad \text{（相乗平均）}$$

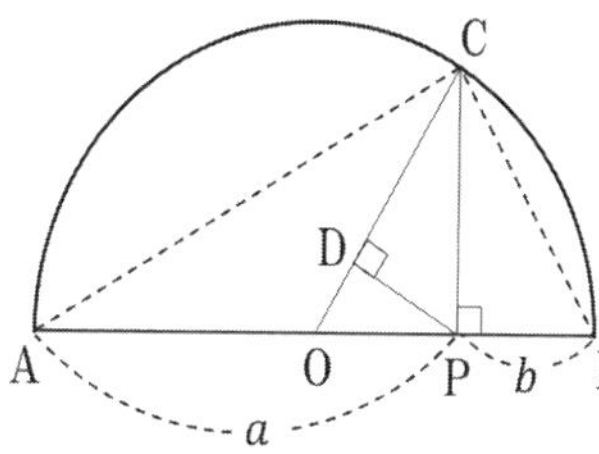

図7-17 平均の図示

$\angle PCD = \angle OCP$，$\angle CDP = \angle CPO = 90°$ より，

$\triangle COP \infty \triangle CPD$ なので，$CO : CP = CP : CD$

$$CD = \frac{(CP)^2}{CO} = \frac{2}{\dfrac{1}{a} + \dfrac{1}{b}} \quad (調和平均)$$

また，全体でみたときの平均と部分に分けてみたときの平均の大小関係が逆になる場合があります。シンプソンのパラドックスを紹介します。

タイラ君とナラシタ君はそれぞれ，参考書 A と B から合計 150 問ずつ解きました。タイラ君は A で 100 問，B で 50 問解き，そのうち，A で 80 問，B で 10 問正解しました。ナラシタ君は A で 50 問，B で 100 問解き，そのうち，A で 45 問，B で 30 問正解しました。タイラ君とナラシタ君は，どちらの方がより正解率が高いでしょうか。

表 7-4 を見てわかるように，参考書ごとに比べた場合，A と B のどちらの参考書であってもタイラ君よりナラシタ君の方が高い正解率です。しかし，2 つの参考書をまとめて比べたとき，ナラシタ君よりタイラ君の方が高い正解率になります。これがシンプソンのパラドックスです。このシンプソンのパラドックスの解決法の 1 つとして加重平均があげられます。

加重平均とはデータに重みをかけることで価値付け，平均する方法です。今回のシンプソンのパラドックスの場合は，A と B で問題数が違うため，それを揃えるべく "その参考書で解いた問題数 / 全問題数" を重みとしてかけ，次のように計算します。

タイラ君 $\dfrac{80}{100} \times \dfrac{100}{150} + \dfrac{10}{50} \times \dfrac{50}{150} = \dfrac{90}{150}$

ナラシタ君 $\dfrac{45}{50} \times \dfrac{50}{150} + \dfrac{30}{100} \times \dfrac{100}{150} = \dfrac{75}{150}$

加重平均の結果，タイラ君が正解率 60 %，ナラシタ君が正解率 50 % となり，タイラ君の方が高い正解率であると考えることができます。

表 7-4 シンプソンのパラドックス

	参考書 A	参考書 B	全体	加重平均
タイラ君	$\dfrac{80}{100}$ (80%)	$\dfrac{10}{50}$ (20%)	$\dfrac{90}{150}$ (60%)	60 %
ナラシタ君	$\dfrac{45}{50}$ (90%)	$\dfrac{30}{100}$ (30%)	$\dfrac{75}{150}$ (50%)	50 %

（梅宮　亮）

第7章 教員採用試験問題

(1) $a+b+c+d=9$ を満たす正の整数の組（a, b, c, d）は何通りあるか。

（2014 年度神奈川県・横浜市教員採用試験問題　改）

(2) 36 人のクラスでテストをしたところ，平均点は 68 点であった。また 70 点以上の人だけの平均点は 76 点で，70 点未満の人だけの平均点は 60 点であった。このとき 70 点未満の人数は何人か。

（2017 年度福井県教員採用試験問題　改）

(3) 次の図は、ある学級の児童 22 人の夏休みに読んだ本の冊数をまとめたものである。最頻値，中央値，平均値を求めよ。ただし●は 1 人とする。

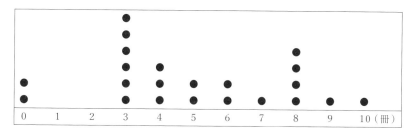

（2018 年秋田県教員採用試験問題　改）

(4) あるクラブには 6 年 1 組の児童が 4 名，6 年 2 組の児童が 2 名，6 年 3 組の児童が 3 名いる。これら 9 名の児童の中からクラブのリーダー 2 名を決める。リーダーが 2 名とも 6 年 1 組の児童となる組み合わせは何通りか。また，リーダー 2 名のうち，少なくとも 1 名が 6 年 2 組の児童となる組み合わせは何通りか。

（2018 年度東京都教員採用試験問題　改）

数学的活動について

この章では，算数科の内容構成に含まれる数学的活動について，推論の連鎖，筆算，
敷き詰め，多面体についてその数学的背景を明らかにします。

1 推論の積み重ね

小学校第5学年の算数教科書には，次のような記述があります。

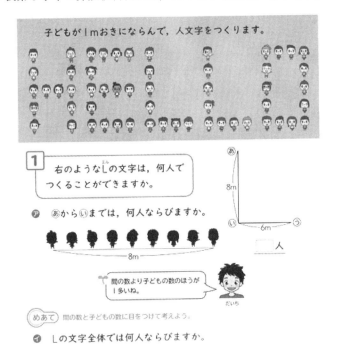

（啓林館，わくわく算数5，92頁）

学んできたことを活かして思考法を高めていく題材の一例として，人文
字を1mおきに並んでつくっていく問題場面を提示し，推論を積み重ねて

いく数学的活動を促していきます。

ここでは，次の3つの課題について，数学的に考えていきます。

---

(1) 間の数と子どもの数に目をつけるとどんなことがわかるでしょうか。

(2) 人文字を簡単化するとはどういうことでしょうか。

(3) 開いた人文字と閉じた人文字はどう違うのでしょうか。

---

(1) 間の数と子どもの数に目をつけて

「人文字」は，小学校で指導すべき問題解決の思考法の中の「関係を分析して，推理を積み重ねていく能力を育てる」に関する指導事項です。前頁の絵図で示しているように，子どもを人数通り配置して一人ずつ数え上げていけば正解にたどり着くことができます。その安心感を背景に，よりよい解決法を子ども達とともにみつけていきたいところです。

それでは，例に挙がっている HELLO（こんにちは）の中で，もっとも簡単な L の文字の場合について考えてみましょう。

縦8m，横6m の L の人文字を作る上で，まずは縦線の8m分だけを考えてみます。1m間隔で子ども達が並んでいきますので一見簡単そうに思えますが，8mだから8人だと答える子どもが大変多いです。そこで，実際に子ども達を8人並べて動作化したり，それを図式化したりすることで，8mの8より1人多い9人が必要であることに気づきます。これは，1mだったら2人，2mだったら3人と，簡単ないくつかの場合を考えてみることで，間の数

と子どもの人数の関係について納得します。

　ところが，このことをLの横線にも適用させると6m分なので7人必要となり，9人と7人で16人が答えだと勘違いしてしまいます。縦の線と横の線をつなぐ角の子どもが重複しているからです。よって，重複している子どもに気をつけて一直線に直すと，間の数は $7 + 9 - 1 = 15$ となり，15人が答えとなります。これらのことより，子どもの数は間の数より1多いこと，Lの形を1本の直線に直して考えることがポイントとなります。

（2）　人文字を簡単化するとは

　続いて，例に挙がっているHELLOの中で，Hの文字の場合について考えてみましょう。

　Hの文字は，Lの文字のように簡単に1本の直線に変形できません。そこで，下の図のように中央の横線を徐々に下げていき，③のようなUの文字に変形していきます。

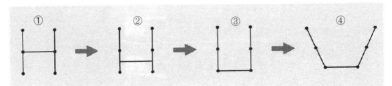

　子ども達は，勝手に線を動かしてもいいのかという疑問をもちますが，①から②，②から③という具合に徐々に変形していけば，子どもの人数は変わらないだろうということに納得します。上図の●を子どもと見立てると，①も②も③も全部で6人であることは変わりがありません。③のようなUの文字にできれば，④のように徐々に左右を開いて，Lの文字と同じように一直線にすることができます。そうすれば，$4 + 4 + 6 + 4 + 4 = 22$ で，22人の子どもが人文字として必要であることがわかります。例に挙がっているHELLOの中では，Eの文字もLの文字の場合と同じように考えることができます。

　真ん中横の6mの線を，下方にある6mの線の右側に繋げます。する

と，全体が１本の線として繋がり，折れ曲がったところを真っすぐにすれば１本の直線になります。そうなれば，全体の長さは $6 + 8 + 6 + 6 = 26$ で 26m となり，子どもの数は間の数より１多いことから 27 人必要となります。

　ここでは１本の直線への変形がポイントとなります。１本の直線に変形できれば，子どもの数は間の数より１多いことから答えを導くことができます。

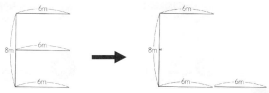

（3）　開いた人文字と閉じた人文字の違い

　最後に，例に挙がっている HELLO の中で，O の文字の場合について考えてみましょう。O の文字のようにリング状になっている場合は，一直線にしようとすると，切り口を入れたところには子どもが１人しかいないので，分かれた線の両端のどちらかには子どもがいないことになります。

こちら側の端には，
子どもがいない状態

　すなわち，このまま一直線に広げた場合，片方の端には子どもが不在となるため，「子どもの数は間の数より１多い」という今までの関係から１少ないことになります。よって，O のようなリング状の閉じた人文字は，間の数がそのまま子どもの数といえます。ここでは，$8 + 6 + 8 + 6 = 28$ で 28 人の子どもが人文字をつくる際に必要となるのです。

　1m 間隔で子ども達が並んで人文字をつくる際，その形が L や H のように開いたタイプの人文字か，O のように閉じたタイプの人文字かによって，間の数より子どもの数の方が１多いかどうかが決まります。

（太田　誠）

2 筆算とは

　小学校第3学年の算数教科書には，筆算について，次のような記述があります。

　⑦　**23×34 を筆算（ひっさん）でしてみましょう。**

　（めあて）　23×34の筆算のしかたを考えよう。

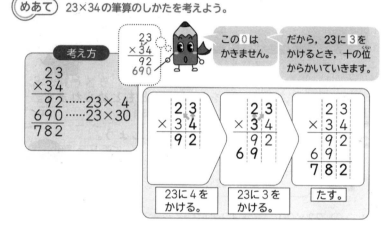

（啓林館，わくわく算数3下，88頁）

　筆算による計算は，算数の学力を支える基礎技能として確実に身につけることが重要です。その際，教師は筆算の形式を単に手続き的に伝えるのではなく，具体物と対応させつつ計算の意味に基づいて筆算を考えることが大切になります。

　ここでは，次の2つの課題について，数学的に考えていきます。

---

　(1)　筆算の形式は，どのような規則で決めているのでしょうか。

　(2)　筆算の形式は，世界共通なのでしょうか。

---

(1)　かけ算の筆算とその形式

　筆算とは，一定の形式によって数字を手書きして行う計算であり，暗算

や珠算と対比されます。複雑な計算を，位取り記数法と繰り上がりや繰り下がりによって基本的な四則演算に還元するように考案された算法であり，その形式は，時代や文化によって様々に異なります。まずは，かけ算の筆算を例にして，その原理を考えてみます。図 8-1 は日本や英国で用いられている筆算で日英式の短乗法です。この形式は，明治以前に出版された「筆算提要」に記述があり，そこには算用数字が読めなかった当時の人々に向けて漢数字で書かれています。図 8-2 はインド式の電光法であり，図 8-3 は「Vedic Mathematics」に記述されたインド式です。図 8-6 は「トレヴィソ算術」に記述があるのでベネチア式としますが，この格子型かけ算（ゲロシア）は，インド発祥と伝えられています。

　一見して，図 8-3 を除きこれらの形式は多様ですが，斜めに見たり，空位に 0 を入れたりすれば，その背後にある原理は，どれも十進位取り記数法と分配法則であることは明らかです。暗算せずに済むように位をそろえて途中の部分積を省略せずに列記し，最後に足し合わせます。1 以上 9 以下の整数 P，Q，R，S を用いて表すと （10P+Q）（10R+S）＝100PR + 10RQ + 10PS + QS と整理されます。このかけ算の仕組みは，図 8-4 のように視覚化することができます。電光法は，暗算を併用して部分積を略する短乗法であり，ドイツ式，ベネチア式は，部分積を略さない長乗法です。日英式を長乗法で書くと，52 × 68 は図 8-7 のように部分積を省略せずに表記できます。

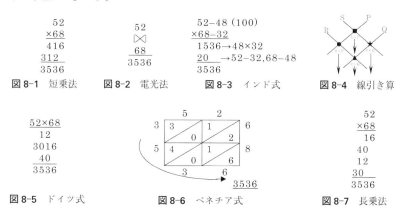

図 8-1　短乗法　　図 8-2　電光法　　図 8-3　インド式　　図 8-4　線引き算

図 8-5　ドイツ式　　　　　図 8-6　ベネチア式　　　　　図 8-7　長乗法

以上のかけ算の筆算は，同様な原理で計算処
理を行っていますが，次の「ロシア農民のかけ
算」（図8-8）と呼ばれる筆算は仕組みが異な
ります。

~~52~~	~~68~~
~~26~~	~~136~~
13	272
~~6~~	~~544~~
3	1088
1	2176

```
 272
1088
+2176
3536
```

図8-8 ロシア農民のかけ算

①被乗数を左列上，乗数を右列上に書く。

②被乗数を次々に2で割り，乗数に2を掛け
て，その結果を縦列に書く。

③わり算であまりが出れば，そのあまりは切り捨てる。

④左列の数が1になるまで続ける。

⑤左列が偶数である行を左右とも消す。

⑥残った右列の数をすべて足し合わせる。

　この筆算では×2や÷2の操作は，同数累加やその逆操作を意味して
おり，かけ算九九を覚えなくても，大きな数のかけ算ができるように生み
出されたものです。そこには，二進法表記を利用して「かけ算をたし算に
直す」着想があります。まず52を2の整数乗の和で表します。

$$52 = 32+16+4 = 2^5+2^4+2^2$$
$$=1\times2^5+1\times2^4+0\times2^3+1\times2^2+0\times2^1+0\times2^0 (=110100_{(二)})$$

　次に，これに68を掛けると

$$52\times68 = (2^5+2^4+2^2)\times68 = (2^5\times68)+(2^4\times68)+(2^2\times68)$$
$$=2176 + 1088 + 272 = 3536$$

　このように二進法表記を利用して計算すると，「ロシア農民のかけ算」
の手続きで特に不思議な，「なぜ左列が偶数である行を左右とも消しても
よいのか（過程⑤）」の理由が明確になります。どんな整数も2の整数乗
の和，つまり二進数として表記でき，空位の部分には乗数をかける必要が
ないのです。

　ロシア農民のかけ算は，古くはエジプトの象形文字を用いた計算技法に
さかのぼる算法であり，本書第2章3節で示した互除法と並んで，プ
ログラミング言語であるC言語習得上の課題としてよく用いられます。

（2）　わり算の筆算とその形式

　次に，わり算の筆算の形式とその原理を考えます。図 8-9 は日本や英国で用いられている雁垂れ式の長除法，図 8-10 はフランス式，図 8-11 はロシア式，図 8-12 はポルトガル式，図 8-13 はドイツ式，図 8-14 はホンジュラスなどスペイン語圏において多く用いられている形式，そして図 8-15 は明治期に教えられていた短除法の金指法です。

```
      35          455 | 13          455 | 13       13)455(35
 13)455           39  | 35         -39  | 3           39
    39            65                65                65
    65            65               -65  | 5           65
    65             0                 0                  0
     0
```

図 8-9　長除法　　**図 8-10**　フランス式　　**図 8-11**　ロシア式　　**図 8-12**　ポルトガル式

```
 455 : 13 = 35       455  )13        13)455            ○
 390 : 13 = 30      -390  30            35          △)□ ○
 65 : 13 = 5         65   +5                           ○
                    -65   35
                      0
```

図 8-13　ドイツ式　　**図 8-14**　スペイン式　　**図 8-15**　短除法　　**図 8-16**　位置

　わり算の筆算は「（仮商を）たてる」，「かける」，「ひく」，「おろす」の操作を繰り返しており，その形式もかけ算に比べたら類似性が高いですが，ドイツ式だけは少し異なった様相をみせています。これは，比と比の値，そして分数の意味づけと関係があります。ドイツ式やフランス式では記号「÷」を使わず，記号「：」でわり算を表しますので，$b:a=\dfrac{b}{a}$ とみることによって，$\dfrac{b}{a}=\dfrac{b_1}{a}+\dfrac{b_2}{a}+\cdots+\dfrac{b_n}{a}$（ただし，$b=b_1+b_2+b_3+\cdots+b_n$）と理解できます。

　現在，日本では雁垂れ式の長除法を用いていますが，明治期には，ポルトガル式のような八の字法などが黒表紙教科書で教えられていました。

　ここで挙げた日本のわり算の筆算は，図 8-16 のように，被除数（□）と除数（△）の書く場所を決めることで，商（○）の書く位置を，上か右か下かのどれかの場所にすることができます（礒田・坪田，2004）。商を上に書く方法が，現在，日本で行われている雁垂れ式です。商を右に書く方法が，明治期に黒表紙教科書で教えられていた八の字法です。商を下に

書く方法が，大工さんが使う金指に見立てて呼ばれた金指法です。いずれの形式も，位取り記数法の利用や，途中式書き直し（仮商から真商への修正）の節制などを原則として，長い間実用されている文化遺産です。

　ところで，金指法を除く上記の6つのわり算の筆算形式は，どれも商と除数の積やあまりを順序よくすべて書き下ろしていく長除法でした。これに対して，途中のひき算を暗算で行い，計算過程を簡略化する形式を短除法といいます。典型的な短除法として，中世ヨーロッパで用いられたガレー法があげられます。筆算が終わったとき，数字がガレー船に似た形に並ぶことから命名されました。抹消法とも呼ばれるその過程を図 8-17 に示します。

図 8-17　ガレー法

　除数を被除数の下に置き，仮商を見積もって，その仮商と除数の積は書き込まずに省略して，積と被除数との差を上に書き出します。また，用いた数字は，使用後に斜線を引いて消します。除数は「使われてしまった」として1回限りで斜線を引かれて消されてしまいます。そこで，もう一度，下部に除数を書き入れるのです。商は被除数の右側に書きます。

　本節では，かけ算とわり算の様々な筆算をみてきましたが，そこには，唯一の標準的な形式はありません。筆算形式は，国や時代によって違うことから，言語や文化的な影響を受けて変わっていると考えられます。日本でも様々な方法の吟味を経て現在のようになってきているため，かけ算とわり算の筆算については，世界中で多様な方法がとられていてもおかしくありません。

　日本においては，かけ算は「短乗法」，わり算は「長除法」を用いています。それらの筆算を「長乗法」や「短除法」と比較，また他国で用いられている形式と比較，鑑賞した後に，その共通した普遍的アルゴリズムに

着目する指導は，子どもの興味・関心をひきつけて，形式の背後にある数学的な原理への注目を促す意味で有益です。同時に，こうした特殊性，形式の差異を生み出している記数法や母語上の違い，あるいは比や割合に対する考え方の相違も算数教育上，重要と考えられます。

　子どもに，十進位取り法などの普遍的な共通原理の理解を促すことが大切なのは当然ですが，それぞれの筆算の特殊な形式上の差異についても，その形式を用いる合理性を社会文化的な原因にまでさかのぼって考察することが，数学を作り上げる際や使いこなす際の見方や考え方を拡げることになります。

（川之上光，小原　豊）

3　図形の敷き詰めとは

小学校第5学年の算数教科書には，次のような記述があります。

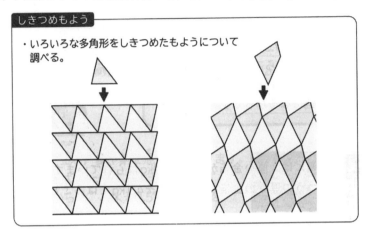

しきつめもよう

・いろいろな多角形をしきつめたもようについて
　調べる。

(啓林館，わくわく算数5，96頁)

　図形の敷き詰めでは，図形を隙間なく並べたり，敷き詰めた形を観察したりする活動を通して，図形の性質について学習していきます。これらの活動では，図形の構成要素や位置関係に着目し，平面を敷き詰められる理由について考えます。

　ここでは，次の2つの課題について，数学的に考えていきます。

---

(1) どのような図形が，敷き詰められるのでしょうか。

(2) 立体図形も敷き詰められるのでしょうか。

---

(1)　平面図形における敷き詰め

　敷き詰めとは，同じ図形を2つ以上用いて隙間がないように平面や空間を埋め尽くすことで平面充填や空間充填といいます。この敷き詰めは，平面や空間の広がりを理解することをねらいとしており，辺と辺が接するように並べます。平面上の正多角形の場合，正三角形，正方形，正六角形が平面を敷き詰められます（図8-18）。

図 8-18　正多角形の敷き詰め

　正多角形が敷き詰められる条件は，1つの頂点に集まる角を自然数個合わせると360°になることです。例えば，正三角形は1つの内角が60°で，それを6つ合わせると360°になります。正方形や正六角形でも同様に考えることができます。それに対して，正五角形は1つの内角が108°なので，合わせても360°にはなりません。

　n 角形は，$(n-2)$ 個の三角形に分割できるので内角の和は $(n-2) \times 180°$ です。正 n 角形では，その角を n 等分するので1つの内角は $\dfrac{(n-2) \times 180°}{n}$ になります。1つの頂点には正 n 角形が m 個集まりますので，敷き詰めることができる場合は，次の関係式が成り立ちます（$n \geqq 3$，m，n は自然数）。

$$m \frac{180(n-2)}{n} = 360$$
$$m - \frac{2m}{n} = 2$$
$$mn - 2m = 2n$$

図 8-19　敷き詰めの関係式

$$m \frac{180(n-2)}{n} = 360$$

　これを整理すると，$(m-2)(n-2) = 4$ となります（図8-19）。m，n は自然数ですのでこれを満たすのは 4×1，2×2，1×4 の3通りになります。これを解くと，(m, n) は $(6, 3)$，$(4, 4)$，$(3, 6)$ の3通りになります（表8-1）。つまり，敷き詰められる正多角形は，正三角形，正方形，正六角形のみであることが証明されました。また，四角形は内角の和が360°になるので，どんな四角形も敷き詰められます（図8-20）。三角形も内角の和が180°になるので，2つを組み合わせると敷き詰めることができます（図8-21）。

表 8-1　m, n の組み合わせ

m	1	2	3	4	5	6	7	…
n	×	×	6	4	×	3	×	…

図 8-20　四角形の敷き詰め例　　　　図 8-21　三角形の敷き詰め例

正五角形は敷き詰めることができませんでしたが，ある特定の五角形は敷き詰めることができます。まず，敷き詰めることができる任意の図形を用意します。ここでは正六角形について考えます。この正六角形は図8-22のように正六角形を2つの合同な五角形に分けら

図8-22
五角形の敷き詰め

れます。このことから，三角形や四角形，正六角形のように敷き詰めることができる図形に帰着できる場合は，敷き詰めることができます。敷き詰めることができる五角形を探す研究は1918年から始まり，現在までに15種類見つかっています。そのうちの4つはパズル好き主婦が興味を持ち，独自の考察により僅か2年で発見しました（図8-23）。そして，2015年にコンピュータ解析により15番目の五角形が発見されていますが，これですべてという証明はまだなされていません。また，$n \geq 7$である凸n角形は，敷き詰められないことが証明されています。

$2\angle E + \angle B = 360°$
$2\angle D + \angle C = 360°$
$AB = BC = CD = EA$

$\angle A = 90°$
$\angle C + \angle E = 180°$
$2 \angle B + \angle C = 360°$
$CD = DE = BC + 2EA$

$\angle A = 90°$
$\angle C + \angle E = 180°$
$2 \angle B + \angle C = 360°$
$CD = BC + BC + DE = 2EA$

$\angle A = \angle C = 90°$
$2\angle B + 2\angle E = 360° - \angle D$
$2BC = 2CD = DE$

図8-23 新しく発見した4つの五角形（Rice, 1977）

エッシャーの「Swans」は敷き詰めを応用した作品として有名ですが，もう1つ有名な作品として「ペンローズ・タイル」があります（図8-24）。

「ペンローズ・タイル」は特殊な2種類の図形を用いて，平面を非周期的に敷き詰めるという特徴を持ちます。非周期といっても全く規則がないわけではなく，「ペンローズ・タイル」は十角形やそれに似た図形である中心と，その中心から十字方向に対称な図形が伸びている外側の2つの部分に分けられます。この2つの特徴を持つことが，全体的に

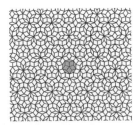

図8-24 ペンローズ・タイル
（『エッシャーとペンローズ・タイル』16項より）

見たときに「ペンローズ・タイル」が非周期的である理由となります（図8-24）。

「ペンローズ・タイル」の研究は五芒星を参考に正五角形で敷き詰めることから始まりました。正五角形で敷き詰めることはできませんが，小さな隙間を無視して並べると一定の美しいパターンが浮かび上がります（図8-25）。

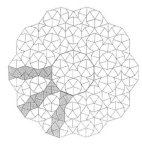

図8-25　ペンローズタイルの中心
（『エッシャーとペンローズ・タイル』54項より）

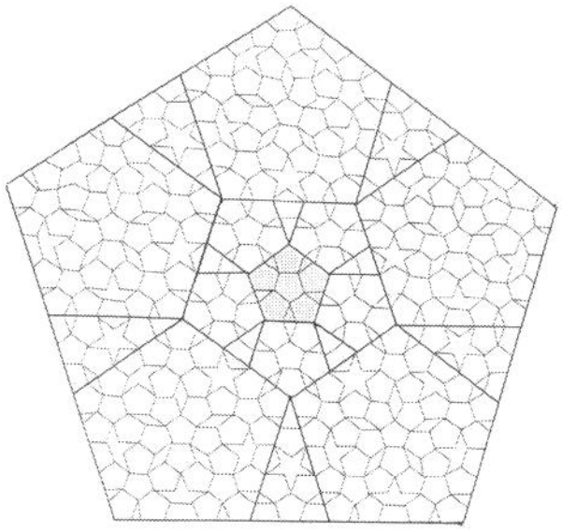

図8-26　正五角形の分解
（『エッシャーとペンローズ・タイル』58項より）

（2）　立体図形における敷き詰め

立体図形における敷き詰めとして，1）正多角形の敷き詰めによる正多面体，2）空間における正多面体の敷き詰めについて述べます。

平面図形の敷き詰めにおいて，$(m-2)(n-2)=4$ という関係が成り立つことを示しました。等式が成り立たない場合，重なりや隙間ができることになります。もしこの等式が不等式ならば正 n 角形を m 個敷き詰めて正 k 面体を作ることができます。

$(m-2)(n-2)<4(m, n \geqq 3, m, n$ は自然数）において $(m-2)(n-2)$ が4未満になる自然数の積は，$1 \times 1，1 \times 2，1 \times 3，2 \times 1，3 \times 1$ です。これを満たす (m, n) は，$(3, 3)，(4, 3)，(3, 4)，(5, 3)，(3, 5)$ の5通りとなります。それゆえ正多面体は，順に正四面体，正六面体，正八面体，正十二面体，正二十面体の5種類のみとなります（図8-27）。

これらの正多面体について敷き詰めを考えます。正六面体は，図8-28のように敷き詰めることができますが，それ以外の正多面体は敷き詰める

正四面体　　　正六面体　　　正八面体　　　正十二面体　　　正二十面体

図 8-27　正多面体

ことができません。例えば，正四面体を図 8-29 のように並べた場合，正四面体のみでは隙間ができてしまい，敷き詰めることができません。ただし，この隙間は正八面体に相当するので，正四面体と正八面体の 2 種類を使うと敷き詰めることができます。

図 8-28　正六面体の敷き詰め　　**図 8-29**　正四面体の敷き詰め

　2 次元の平面図形から 3 次元の立体図形へと対象を拡げると，敷き詰められる図形が非常に限定されます。それは，縦横のどちらにも一致する図形でなくてはならないからです。

（寺井純平）

4 多面体とは

小学校第4学年の算数教科書には，次のような記述があります。

2 直方体や立方体の面，辺，頂点について調べましょう。

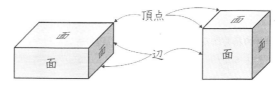

直方体や立方体は，まわりが平らな面で囲まれています。
平らな面のことを**平面**といいます。

1　直方体，立方体の面の数，辺の数，
頂点の数を調べ，下の表にまとめて，
にているところをさがしましょう。

箱を観察
してみよう。**D**

	面の数	辺の数	頂点の数
直方体			
立方体			

（東京書籍，新しい算数4下，93頁）

立方体，直方体の特徴を明確にしていくために，図形を構成する要素として面，辺，頂点を取り上げ，その図形を構成する要素の個数や面の形，辺や面の平行，垂直の関係などに着目して，その特徴を理解していきます（文部科学省，2017）。ここでは，次の2つの課題について，数学的に考えていきます。

(1) 頂点，面，辺の数の間にはどのような関係があるのでしょうか。
(2) 上の関係はどのような場合においても成り立つのでしょうか。

多面体定理に入る前に，次の数学的活動について見ていきましょう。

【課題】表面を青色に塗った立方体を，右
図のように1辺の長さを3分割に切り分け
る。このとき，切り分けられた小さな立方体
を青色の面の数に着目して，青色の面が0の
立方体，1の立方体，2の立方体，3の立方
体に分けて作ると，それぞれの立方体はいくつ作ればよいですか。また，
3分割ではなく，4分割，5分割，…，n分割のときはどうなるのか考え
てみよう。

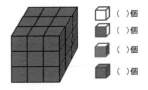

（　）個
（　）個
（　）個
（　）個

図8-30　分割の立方体

この課題を解決するにあたり，次の手順で考えていきます。

がいくつ？（アの部分）

がいくつ？（イの部分）

がいくつ？（ウの部分）

がいくつ？（アの奥にある見えない部分）

図8-31　3分割の場合

これを表にまとめると次のようになります。

表8-1　3分割の場合

青色の面の数	0	1	2	3
立方体の数	1	6	12	8

切り分け方を，3分割，4分割，5分割，…，n分割と一般化したとき
の，上記の表の立方体の数を考えていきます。それらの結果を表8-2〜
表8-4に示します。

表8-2　4分割の場合

青色の面の数	0	1	2	3
立方体の数	8	24	24	8

表8-3　5分割の場合

青色の面の数	0	1	2	3
立方体の数	27	54	36	8

表8-1〜表8-4において，立方体の数は，立方体の頂点，辺，面の数
とそれぞれ関係していることに気付かせることがポイントです。

次に，これらの数学的な見方・考え方を働かせて，オイラーの定理につ

表 8-4 *n* 分割の場合

青色の面の数	0	1	2	3
立方体の数	$(n-2)^3$	⑥$(n-2)^2$	⑫$(n-2)$	⑧

面の数　　　　辺の数　　　　頂点の数

いて見ていきます。まずは，平面図形から考えていきます。図 8-32 〜図 8-34 の頂点の数，面の数，辺の数をそれぞれ数えてまとめてみると，表 8-5 のようになります。

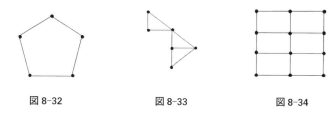

図 8-32　　　　　　図 8-33　　　　　　図 8-34

表 8-5　平面図形における頂点の数，面の数，辺の数の関係

	頂点の数	面の数	辺の数
図 8-33	5	1	5
図 8-34	6	3	8
図 8-35	12	6	17

　表 8-5 を見ると，頂点，面，辺の数の関係は，次のようになっていることがわかります。

$$（頂点の数）＋（面の数）−（辺の数）＝1　…（1）$$

　これを，オイラーの定理といいます。平面上に描かれた図形は，次の 3 つの条件を満たしていれば，すべて，式（1）が成り立ちます。

1. 面の境界はいくつかの線と頂点であること。

2. 線の両端は頂点であること。

3. 線どうしは頂点以外で交わらないこと。

　実際に，上記の 1 〜 3 が成り立つように平面図形を描いてみて，式（1）が本当に成り立つか確かめてみてください。この定理は，様々な日常生活の場面において応用されています。例えば，プリント配線や集積回路で

す。辺が交わらないように描くことができるネットワークを「平面ネット
ワーク」というのですが，導線が交わらないようにする問題は，まさに
「平面ネットワーク」の問題なのです。

　次に，式（1）は，立体図形においても成り立つのでしょうか。このこ
とを確かめるために，図 8-35 〜図 8-37 の頂点の数，面の数，辺の数を
それぞれ数えてまとめた表が，表 8-6 です。

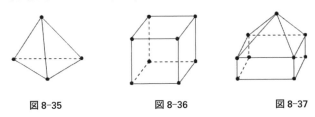

図 8-35　　　　　　　図 8-36　　　　　　　図 8-37

表 8-6　立体図形における頂点の数，面の数，辺の数の関係

	頂点の数	面の数	辺の数
図 8-36	4	4	6
図 8-37	8	6	12
図 8-38	9	9	16

　表 8-6 を見ると，頂点，面，辺の数の関係は，次のようになっている
ことがわかります。

　　　（頂点の数）＋（面の数）－（辺の数）＝ 2　…(2)

　ここで，平面図形との違いは，式（1）と比べてみると，式（2）では
右辺が 1 ではなく 2 になっているところです。それでは，次の図 8-38 〜
図 8-40 の頂点の数，面の数，辺の数をそれぞれ数えてみるとどうなるで
しょうか。

　図 8-38 〜図 8-40 は，図 8-35 〜図 8-37 の立体図形に穴を 1 つあけた
（中空）図形になっています。これらの頂点の数，面の数，辺の数をそれ
ぞれ数えてまとめてみると，表 8-7 のようになります。

　表 8-7 を見ると，頂点，面，辺の数の関係は，次のようになっている
ことがわかります。

　　　（頂点の数）＋（面の数）－（辺の数）＝ 0　…(3)

図 8-38　　　　　　　図 8-39　　　　　　　図 8-40

表 8-7　穴が 1 つあいた立体図形における頂点の数，面の数，辺の数の関係

	頂点の数	面の数	辺の数
図 8-39	10	17	27
図 8-40	16	16	32
図 8-41	17	19	36

　さらには，穴が 2 つあいている立体図形では，これらの関係はどのようになるのでしょうか。紙面の都合上，図 8-39 を基にして穴が 2 つあいた図形を考えてみます（図8-41）。　図 8-41 穴 2 つの中空立体図が複雑なので正面から見た図を，図 8-42 に示します。このときの頂点の数，面の数，辺の数を数えてまとめると，表 8-8 のようになります。

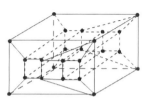

図 8-41　穴 2 つの中空立体

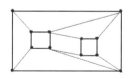

図 8-42　正面図

表 8-8　穴が 2 つあいた立体図形における頂点の数，面の数，辺の数の関係

	頂点の数	面の数	辺の数
図 8-42	24	26	52

　表 8-8 を見ると，頂点，面，辺の数の関係は，次のようになっていることがわかります。

　　　　頂点の数＋面の数－辺の数＝－ 2　…(4)

　この 0 や－ 2 の数値を，「オイラー標数」といいます。さらに，穴が 3 つの場合，4 つの場合と考えていくと，ある規則が見えてきます。今，頂

点の数を V，面の数を F，辺の数を E，穴の数を n，オイラー標数を $\chi(S)$ とすると，これらの間の関係は，次のようになっています。

$$\chi(S) = V + F - E$$
$$= 2 - 2n \quad \cdots (5)$$

ここで，$\chi(S)$ と書いたのは，厳密には，曲面 S 上に描かれた図形を考えているからです。式（5）を，もう少し詳細に説明すると，次のようになります。図 8-43 に示すように，球面に n 個のハンドルをつけた曲面を「方向付け可能な種数 n の標準曲面」といいます。ここで，「方向付け可能」とは，右と左が区別できる空間のことであり，「方向付け不可能」とは，これらの区別ができない空間のことです。有名なメビウスの帯は，「方向付け不可能」です。前者は面が 2 つある（両側性という）のに対し，後者は面が 1 つしかありません（単側性という）。これらの専門用語を使うと，式（5）は，方向付け可能な種数 n の標準曲面におけるオイラー標数の公式であるということができます。図 8-44 では，球面の上にハンドル，すなわちチューブの穴を 1 本あけていますが，球の中を貫通させても性質は変わらないので同じ図形とみることができます。したがって，種数 n は，穴の数と考えてもよさそうです。これらのことは，球面上の地図を塗るには何色必要かを考えたり，一筆書きの問題などで応用されています。

図 8-43 曲面上の図形

（長谷川勝久）

第8章　教員採用試験問題

(1) 次の図1，図2などのような，連算法（簡便法）の仕組みについて考える
数学的活動を行う。

このとき，児童は既習事項としてどのような数学の知識や技能が必要か。

（2013 年度香川県教員採用試験問題　改）

(2) 次の図のように，1辺の長さが6cmの正四面体 ABCD がある。
このとき，次の各問いに答えよ。

①　△ ABC の面積を求めよ

②　正四面体 ABCD の体積を求めよ

（2016 年度富山県教員採用試験問題　改）

(3) 1から1001までの奇数の和 1+3+5+…+ 999 +1001 の値を求めなさい。

（2018 年度新潟県・新潟市教員採用試験問題　改）

(4) いくつかの合同な三角形を使って，次の図のように平面を敷き詰める。この活動を通して，児童が図の中に平行四辺形があることに気付いた場合，その気付きはどのような学習場面で活用できるか，書きなさい。

（2018 年度群馬県教員採用試験問題　改）

▓ 第9章 ▓▓▓▓▓▓▓▓

新しい算数教科書の展望について

この章では，子どもの創造性を伸ばすことを視野に入れつつ，新しい算数教科書に期待できる内容について明らかにします。

1 知識創造型問題

これからの知識経済社会においては，正解がない問題や課題について，既存の知識を使って，アイデアを生み出し，自ら解を創造していく力が必要です。そのためには，学校数学においても，正解が存在する問題や課題のみを扱うのではなく，正解がない問題や課題を教材として扱い，自ら解を生み出す力を身に付ける指導が大切です。それには，創造性を伸ばす指導が重要です。ここでは，創造性を伸ばすために，創造性の構造や創造的思考を活性化する新しい学習指導法について述べます。

(1) 創造性の構造

創造性は，創造的能力と人格特性の統合といわれています。創造的能力は，創造的思考と創造的技能から構成され，さらに創造的思考は，発散的思考と収束的思考から構成されています。人格特性は，創造的性格と創造的態度から構成されています。創造的態度は，自発性，固執性，持続性，衝動性，好奇心などで構成されています。

これまでの学校数学を振り返ってみますと，創造的思考の構成要素の1つである収束的思考を活性化する指導は，十分に行われてきたように思います。もう1つの構成要素である発散的思考を活性化する指導は，小学校低学年ではよく行われていますが，小学校高学年，中学校，高等学校へと学年が進むにつれて徐々に指導時間が少なくなっていきます。創造性を伸ばすには，発散的思考を活性化する指導と収束的思考を活性化する指導のバランスが保たれていなければなりません。一方の思考が活性化していな

い場合には，創造性を十分に発揮することができません。これまでの日本の学校数学を振り返ると，発散的思考を活性化する指導を充実する必要があります。創造的態度の育成においては，何が何でもやり遂げるといった粘り強い精神を育てることが重要です。

（2）　知識創造型問題

学校数学で扱われている問題は，正解があるかないか，解や解決方法が多様かどうかに着目すると，表9-1のように分類できます。

表9-1　問題の分類

問　　題		解決方法	
		少数（1〜3）	多数（4〜）
正解	あり（1つ）	×（第1類）	○（第2類）
	なし（不明）	△（第3類）	◎（第4類）

第1類の問題は，4×6+8÷2 のように，正解が一意に決まる問題です。この種の問題は，基礎的な知識・技能の獲得や公式などを適用する力を養うことをねらいとしていますので，「知識獲得型問題」と呼びます。

第2類の問題は，正解が一意に定まり，解決方法が多数ある問題です。この種の問題は，既存の知識を活用する力を養うことをねらいとする「知識活用型問題」と，既存の知識を組み合わせて新たな知識を再生産する力を養うことをねらいとする「知識生産型問題」に分けられます。知識の再生産とは，正解がわかっている問題であるが，その問題の解や解決方法を自ら導き出すことを指します。次の問題1は，知識生産型問題の例です。

問題1　右の表の中の数の合計を求める方法をできるだけたくさんかきましょう。
　　　　計算の答えを出す必要はありません。

1	3	5	7	9
11	13	15	17	19
21	23	25	27	29
31	33	35	37	39
41	43	45	47	49

第3類の問題は，正解がなく，解決方法が少ない問題です。創造的思考を活性化するには適していますが，解や解決方法を見つけるのに時間を要します。

第4類の問題は，正解がなく，解決方法が多数ある問題です。第3類及び第4類の問題は，自ら解や解決方法を生み出す力を養うことをねらいとしていますので，「知識創造型問題」と呼びます。次の問題2は第4類の知識創造型問題の例です。

問題2 2枚の三角定規が2組（計4枚）あります。各組の定規の大きさは同じです。そのうちいくつかを使ってできるだけたくさんの四角形をつくりましょう。つくった図をかきなさい。

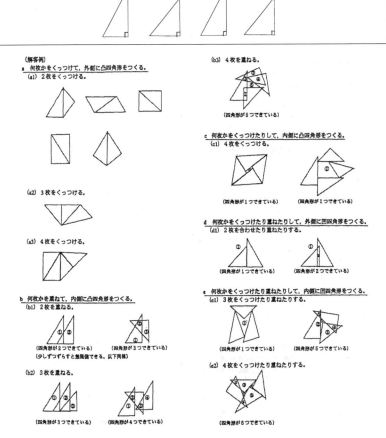

図9-1 問題2の解答例

創造性を伸ばすには，第4類の「知識創造型問題」が適していますが，慣れないとなかなかアイデアを生み出すことができませんので，はじめは第2類の問題1のような「知識生産型問題」を使って指導し，慣れたら第4類の問題2のような「知識創造型問題」を使って指導する方法が賢明です。

　問題1の解答としては，5～6個のパターンが考えられます。例えば，a）すべての数を加える，b）各行（または列）の和の増加に着目して合計を求める，c）行の平均値とその行の前後の数に着目して合計を求める，d）真ん中の数を中心にして，対称の位置にある2数の和に着目して合計を求める，e）2つの数列を上下に並べて，その合計を求めるなどです。さらに各パターンは3～4個の解答が考えられますので，解答総数は15～25個になります。

　問題2の解答例を図9-1に示します。三角定規を組み合わせて四角形をつくる問題は，第4学年の教科書でも見られる問題です。この問題を，小学4，5，6年生を対象として実施したところ，解答の97％はパターンaで，残りの3％はパターンbとdでした。現在の子どもは，発散的に思考することはどうも苦手のようです。また，創造性が高い子どもほど，学習成績，思考力，表現力，コミュニケーション能力が高いことが知られています。逆に，学習成績が高くても，創造性が高いとは必ずしもいえないことがわかっています。現在の学校数学では，創造性を扱う脳の働きと学習成績を扱う脳の働きが異なっていると解釈すれば，創造性を伸ばす指導の重要性が理解しやすくなります。

　新しい算数教科書においては，これまでの指導に加えて，正解がない問題や課題に対しても解を生み出していくといった創造性を育む学習を取り入れた指導が期待されます。

（齋藤　昇）

2 新しい幼小連携

(1) 源数学に基づく就学前教育

　小学校に入学後，新たな環境に馴染めない「小1プロブレム」が懸念されています。これに対応するために，各自治体，各学校では「幼小連携」「幼小接続」に取り組んでおり，小学校入学以前に，園児と小学生が交流したり，子どもの実態について教職員が情報を共有したりしています。ここでは，教育要領が示されている幼稚園に焦点を当て，幼小連携の在り方を数学的な視点から概説します。幼稚園で学ぶ算数の素地となる内容は，主に「環境」という領域で取り扱われており，そのねらいと内容は，幼稚園教育要領において次のように記されています。

　周囲の様々な環境に好奇心や探究心をもって関わり，それらを生活に取り入れていこうとする力を養う。

1　ねらい

(2) 身近な環境に自分から関わり，発見を楽しんだり，考えたりし，それを生活に取り入れようとする。

(3) 身近な事象を見たり，考えたり，扱ったりする中で，物の性質や数量，文字などに対する感覚を豊かにする。

2　内容

(1) 自然に触れて生活し，その大きさ，美しさ，不思議さなどに気付く。

(2) 生活の中で，様々な物に触れ，その性質や仕組みに興味や関心をもつ。

(8) 身近な物や遊具に興味をもって関わり，自分なりに比べたり，関連付けたりしながら考えたり，試したりして工夫して遊ぶ。

(9) 日常生活の中で数量や図形などに関心をもつ。

(10) 日常生活の中で簡単な標識や文字などに関心をもつ。

※一部省略，下線筆者

　これらの記述からわかるように，小学校に入学する以前から，子ども達は数量や図形について素地的に学んでいます。幼稚園では，具体的な指導内容が示されておらず，生活や遊びなどの活動の中で自然に身に付けてい

きます。例えば，集めたどんぐりの数を数えたり，空き箱や容器を組み合わせて新しい形を作ったりしながら，数量や図形の感覚を豊かにしていきます。このように体験で身に付ける潜在的な数学は，人間が物事を論理的に考えること（思考）と正確に知ること（認識）の根源となります。船越（2009）はこれを「源数学」と呼び，遠山啓（1972）の原数学にも通じる発想から，基礎となる事柄や見方・考え方の重要性を指摘，整理しました（表9-2，表9-3）。

表9-2　源数学（基礎となる事柄）

集合	考える範囲，働きかける範囲を決める。ものの属性にしたがって，ものの集まりを思考の対象にする
比較	ものとものを（観点をきめて）比べる
対応	ものとものとを対応付けられる
分類	ある観点からものを集めたり，ものの集まりをある観点で更に部分に分けたりする
分割	ものをいくつかに分ける
まとめて数える	2個ずつ，5個ずつのようにまとめて数える
順序	並んだものを1つの系列として捉える
量	ものの量感を捉える
測定	全体を基にする量のいくつ分で捉える
距離	ものとものとの間の遠近や「隔たり」を捉える
構造	ものとものとの関連，集合と集合の間の関連を捉える
不変性保存性	ある現象が変化するとき，不変な性質を捉える
位置	ものの前後，左右など位置を捉える
位相	ものの結びつき方を区別する
形	形の弁別，閉じている形と開いている形を区別する
連続性系列	ものごとの連続性，時の流れなどを感じる
場合分け	いろいろな場合について調べる
整理	ものごとやその関係を順序立てて整理する
結合性	いくつかの操作（行動）を結び付けて新しい操作を作る

表9-3　源数学（見方・考え方）

弁別	ものごとを見分ける
根拠性	ものごとを理由付けて考える
分析	ことがらを細かいことがらに分けて捉える
総合	いくつかのことがらを統合して，新しいことがらを作る
本質性	ことがらの要点（要素）を抜き出す
関係性	ものごとを関係付けて捉える
抽象化一般化	ことがらから不必要な要素を捨て去って捉える。いくつかのことがらに共通の性質を見つける
観点変更	ものごとやその関係を異なった角度から捉える。場合や状態を広げたり変えたりして見る
映像化	具体的なことがらをイメージ化する
可逆性	ある操作（行動）の逆を考えられる
推移律	「AならばBかつBならばC」から「AならばC」を導く
論理的思考	「そして」「または」「…でない」「もし…ならば」などのことばが使える

　つまり，幼稚園では「遊び」と「学び」が不可分であることを念頭に置きつつ，その遊びから生まれる学びを一過性にせず精緻に捉える上で，源数学という枠組みを取り入れているのです。しかし，自然な遊びを学びの軸にすれば系統性を保つことは難しく，算数を意図的・体系的に指導する小学校とはこの点で大きく異なります。幼稚園では，数学的な思考や認識

の芽生えを子どもの活動において見出し，それを言葉にして問いかける必要があるため，指導者には源数学としての数学的素地を見出す力が求められます。

　例えば，拾ったどんぐりの数を数えるときに「どっちが多いかな？」「どれだけ多いかな？」「どうやって比べればわかりやすいかな？」と問いかけることが，並べ直したり，1対1対応で比べたりするアイデアが生まれるきっかけとなります。また，数量や図形を直接扱う活動でなくても，見方・考え方を育てることはできます。集めた葉っぱを仲間分けする活動

図 9-2　葉っぱ集め

（図 9-2）であれば，「同じ仲間の葉っぱはどれかな」と問います。このとき，子ども達は，様々な観点で葉っぱを集めます。ある子どもは，緑色という観点でイ，エ，カを，ある子どもは，葉の裂片が複数あるという観点で，ア，ウ，カと選ぶかもしれません。ここで重要なのは，観点の客観性ではなく，自ら観点を定めて共通点を見出して「弁別」できることです。このように子どもの原初的な活動に数学的な認識の芽生えを見出す営みは，ピアジェ（Jean Piaget）やその遺志を継ぐベルニョ（Gérard Vergnaud）の手法と通底しています。子どもが未だ明確には説明できないし上手く言葉にさえできない行為を，教員がしっかり認めて尊重していく姿勢が大切です。

(2)　源数学の事例としての「あやとり」

　幼稚園で行われる算数の素地指導としては，数量に関する活動が図形に関する活動より多いことが指摘されています（吉田，2015）。図形に関しては，積み木遊びや空き箱などによる形づくりが多く，活動のバリエーションが乏しいのが現状です。そこで，源数学として図形に関する豊かな感覚を養う「引き離し」（Disembedding）という活動を例示して，そこでの指導者の役割を述べていきます。「引き離し」とは，複数の図形が組み合わされた図形の中からある部分に焦点化して，特定の図形を取り出すこ

とであり，埋め込まれている局所的な図形を認識する活動ともいえます。ここではあやとりを例に考えてみましょう。図9-3は，糸が交差している様子から「網」と呼ばれます。幼児は日常生活で見かける様々な物の形を，あやとりの形に見立てることで，図形概念の素地が培えます。ここでは「引き離し」を通して，図形概念をさらに豊かにすることを考えてみます。図9-3の左は，三角形，長方形，平行四辺形，ひし形に分解できます。このとき，「どんな形が見つかるかな？」「同じ形がいくつあるかな？」と問いかけることで，あやとりの形を複数の図形の視点から捉えることができます。もちろん，ここで図形の名前を指導する必要はありませんが，様々な形があることや，同じ形が組み合わさって，あやとりの形が構成されていることに気付く機会となります。またこうした活動を重ねてみると，図形の対称性などに着目できる子どもも出てくるでしょう。

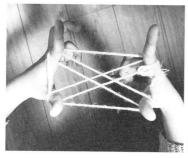 

図9-3　あやとり

　幼稚園では，小学校算数につながっていく数量や図形に関する感覚を豊かにすることが目指されますが，その反面，興味・関心に沿わない教え込みや練習の繰り返しに偏る傾向も危惧されています（船越，2009）。子どもが遊びや生活の場面においてふと見せる素朴な振る舞いの中に，教師が数学の芽生えたる源数学を見出し，数学的な視点から問いかけることが求められています。子どもの日常生活に埋め込まれている様々な算数や数学の芽を教師がその都度，相応しい言葉で価値づけること，それこそが幼稚園と小学校の算数の学びをつなげる礎になるのです。

（谷　竜太，小原　豊）

3 新しい小中連携

（1） 統一による連携

　算数科と数学科，小学校と中学校で科目名が異なる教科は算数と数学だけです。名前は違えど，学習する内容に強い系統性をもつ教科といえます。そのため，これまでも小中の連携に関しては，常に議論され，検討されてきました。平成29年告示の学習指導要領でも，改訂の基本方針の中に，「児童生徒に求められる資質・能力を育成することを目指した授業改善の取組は，既に小・中学校を中心に多くの実践が積み重ねられており，特に義務教育段階はこれまで地道に取り組まれ蓄積されてきた実践を否定し，全く異なる指導方法を導入しなければならないと捉える必要はない」と明記されています。従来から，小中連携を意識した授業改善が積み重ねられてきているのです。

　しかし，この度の改訂ではこれまで以上に，小中連携を推進していくことが求められています。それは，次の2つの変更からもわかります。

①算数的活動→数学的活動

　算数科の目標中の文言が，従来の算数的活動を数学的活動とし，目標の中でも「数学的活動を通して，数学的に考える資質・能力を育成することを目指す」と明記されています。

②領域を算数科と数学化で統一化

　指導事項のそれぞれのまとまり（領域）について，内容の系統性を見直し，領域が全体的に整理し直されました。その結果，「A数と計算」，「B図形」，「C測定」，「C変化と関係」及び「Dデータの活用」の5つの領域へと改訂されました。下学年は「A数と計算」，「B図形」，「C測定」及び「Dデータの活用」の4つの領域とし，上学年は「A数と計算」，「B図形」，「C変化と関係」及び「Dデータの活用」の4つの領域とし，これらは，数学科の領域とこれまで以上に統一された形になり，系統性がより一層見えるように示されています。小学校の教諭は，子ども達が，中学校でどのような内容を，どのように学んでいくのかを見通した指導が必要で

す。

（2） 中学校での学びを見通した指導

それでは，より具体的にはどのようなことに留意して指導していけばよいのでしょうか。以下の2つの留意点を述べます。

①算数用語を正確に定義すること

三角形は3つの点を結んだ形ではなく，3本の直線で囲まれた形です。

前者の定義であれば，右の図9-4のようなものも三角形になってしまいます。

図9-4 3頂点を結んだ形

四角形だけでいえば，対角線は「向かい合った頂点を結んだ直線」ですが，多角形の対角線は「隣り合わない頂点を結んだ直線」ということになります。意味が拡がっていくわけです。意味の拡張に伴って，必然的に定義する言葉も違ってきます。用語の指導にあたっては，算数教科書を精読し，教科書の一言一句を忠実に用いるようにしましょう。

②数学的な表現方法（図，数，式，表，グラフ）を身に付けさせること

算数科では，数，量，図形が学習する対象となります。それらを表現する際に用いる方法は多様な表現方法があります。学習指導要領には「算数科の学習では，言葉による表現とともに，図，数，式，表，グラフといった数学的な表現の方法を用いることに特質がある」と書かれています。例えば，3＋5という式は，計算し，答えを求めるためのもの（求答式）としてのみ捉えられがちですが，あわせる（合併），増える（増加）というたし算の場面や数量の関係を表したもの（関係式）という側面ももっています。等号（＝）は，出力記号ではありません。右と左が等しい関係にあるときに用いる関係記号の1つです。式は「数学の言葉である」とも言われるように，日常の事象における数量やその関係を，的確，簡潔かつ一般的に表すことができる優れた表現方法なのです。ややもすると，小学校の段階では，言葉による表現や説明に偏りがちです。しかし，中学校では，数学的な表現方法を用いることが多くを占めます。それを見通して，小学校の段階から指導し，身に付けさせておくことは重要です。

また，第8章で詳しく述べられていますが，子どもたちは，問題解決過程を基盤として，算数を「数学的活動を通して」学んでいくことになります。当然ながら，算数授業は，教師から子ども達へ，一方向的に学習内容を伝達するような，いわゆる講義形式ではありません。しかし，教師が教材研究をつい怠ると，一方的に提示した問題を子どもが解き，その類題を練習して締め括るといった技能習熟型の指導形態に陥りがちです。

　昨今，中学校の先生方が，小学校の先生方に，「少なくともかけ算九九ぐらいは覚えてから中学校に来てほしい」といった旨の発言を耳にすることが少なくありません。小学校教員にも，算数の学力が低い子どもの実態を説明する際に，かけ算九九を覚えているか否かを象徴的な例にあげる方もいます。しかし，小中連携でより重要なことは，学んだ内容自体と同様以上に，「学び方を身に付けていること」です。それは，算数・数学は「（数学的）活動」を通して学ぶということです。「為すことによって学ぶ（Learn by doing）」という言葉に言い換えることができるかもしれません。子ども達に，活動を通して算数の学び方を身に付けさせ，小学校から中学校へとつないでいくのです。義務教育を通じての主体的・対話的で深い学びの実現のためには，数学的活動の充実が必要不可欠なのです。

（前田一誠）

4　特別な支援と配慮

（1）　すべての子ども達が学びやすい教科書

　近年，発達障害の可能性のある子どもだけでなく，教室にいる子ども達一人ひとりにとって，それぞれに「わかり方」があることや，先生にとっての「わかりやすい教え方」が必ずしも子どもの納得につながっていないことが明らかになってきています。つまり，授業者が「どう教えるか」ではなく，児童が「どのように学ぶか」を考えることこそが重要であることが改めてわかってきたのです。そこで，個々に違いをもったすべての子ども達が，学びにアクセスできる機会と方法を提供する，学びのための「ユニバーサルデザイン」の考え方が教科書作りにも取り入れられるようになりました。ユニバーサルデザインとは，米ノースカロライナ州立大学のロナルド・メイスが1980年代に提唱した概念で，年齢や性別に関係なく，身体的な特徴にも左右されず，できるだけ多くの人が利用可能であるように製品，建物，空間などを設計することです。我が国の学校教育でも，2014年に「障害者の権利に関する条約」が批准されたことで，インクルーシブ教育を巡る議論が活発になりました。インクルーシブ教育とは，授業に子ども達の多様性を包摂する教育で，障害のある子どもにも他の子どもとともに学べるよう配慮がなされます。つまり，学校教育におけるユニバーサルデザインとは，特定の学びにくさを感じている子どもも学びやすいデザインを追究していくことで，誰もが学びにアクセスできるようにするための支援や配慮であるともいえます。

　学校で使われている教科書にも，人間の色覚の多様性に配慮したカラーユニバーサルデザインや，文字の大きさや行間など情報の受け手の多様性に配慮したメディアユニバーサルデザイン，弱視や

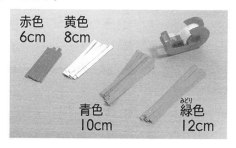

図9-5　啓林館，わくわく算数3下，58頁

ディスレクシア（読み書き障害）に配慮した判別しやすい書体であるユニバーサルフォントの採用など，多様な読み手に対する様々な配慮がなされています。具体的には，教科書の図に色だけでなく，文字情報が添えられていたり，目の動きに困り感を抱えている子どもが目線を上下することなく学習できるようなレイアウトにしたりするなど，様々な工夫が凝らされています。

　他にも，授業中に子ども達が本を開いた状態にしておきやすいように，製本を工夫している教科書もあります。教科書が開いた状態ですと，その上に子どもがブロックを置いて操作しながら考えることもできます。また，コンパスを使って作図する手順などを示した図や写真の横にQRコードを載せ，デジタルデバイスと連動して動画を再生できるようにしている教科書もあります。動画でその過程を確認しないと手順がわからない子どももいますので，これも子ども達の各々の「わかり方」への配慮といえます。

（2）　特別支援学校用の教科書とデジタル教材

　インクルーシブ教育では，子どもの教科書の内容へのアクセスのしやすさをどう高めていくかが課題の一つです。教科書が子ども達の学びを妨げてはならないからです。例え

ば，視覚障害者のための点字版の教科書や，知的障害者のための算数教科書が作成されていますが，2008年の「障害のある児童及び生徒のための教科用特定図書等の普及の促進等に関する法律」（いわゆる「教科書バリアフリー法」）が施行され，「著作権法第33条の2」が改正

図9-6　文部科学省，さんすう☆☆☆，37頁

されたことで，LD（学習障害）等の発達障害や弱視，その他の障害のある子どものための「マルチメディアデイジー教科書」や「拡大教科書」を

作ることができるようになりました。なお，2017年度の検定教科書に対応した拡大教科書が全点発行されています。

　マルチメディアデイジー教科書・教材・図書は，読むことが困難な子どもの利用を想定しており，再生アプリが提供されているタブレットやスマートフォン，コンピュータで動作します。教科書の文字を音声で読み上げたり，読み上げ箇所がハイライトで表示されたり，漢字にルビを付けることができるため，非漢字圏出身の子どもの学びへのアクセスを支援してくれます。マルチメディアデイジー教科書の申請は，担任や通級指導担当だけでなく，保護者や本人も行うことができます。拡大教科書には，文部科学省が定めた規格に基づいて各教科書会社が発行しているものと，全国のボランティア団体が，子どもの弱視の程度やニーズに応じて，文字や図の大きさや色，背景色や線の太さなどをオーダーメイドして制作するものとがあります。拡大教科書の制作には，提供された教科書原本のデジタルデータが用いられています。

　また，各教科書会社のデジタル教科書は，障害のある子どもの利用を前提に制作されているため，インクルーシブ教育を支える役割を担うことが期待されています。このように，多くのデジタル教科書には，障害のある子どものアクセシビリティを考慮して，音声読み上げや文字サイズ，書体や配色，文字間隔や行間隔などを変更できる機能が搭載されています。しかしながら，子ども達の障害の種類や程度は様々ですので，デジタル教科書だけで，障害のあるすべての子ども達に対応することはできません。そのため，特別支援教育では，それぞれの障害の特性に応じて，教科書に代えて利用できる図書等の教材もパソコンやタブレットなどの端末に入れて活用しています。

（3）　特別な支援と配慮におけるデジタル教科書等の活用

　デジタル教科書を使って学ぶ場合，役立つと考えられている機能には次の6つがあります。

①拡大…教科書を拡大して表示する機能

②書き込み…デジタルペン・マーカーで教科書に書き込む機能

③保存…教科書に書き込んだ機能を保存，表示する機能

④音声読み上げ…教科書の文章を機械音声で読み上げる機能

⑤背景・文字色の変更・反転…教科書の背景色・文字色を変更反転する機能

⑥ルビ…教科書の漢字にルビを振る機能

　例えば，発達障害のある子どもの中には，白い紙の上に印刷された教科書の内容がまぶしく感じる者もいます。また，文字がかすんだり歪んで見えたり，鏡文字となって見えたりする子どももいます。他にも，文章をうまくたどることができない子どももいます。そうした障害のある子ども達にとって，デジタル教科書の機能はとても有効に働きます。

　弱視の子どもにとって，拡大教科書は重く，持ち運びが不便でしたが，デジタル教科書によって，すべての教科書をタブレットに入れて持ち運ぶことができるようになりました。また，自分が書き込んだ文字が見えない，ページを探すのに時間がかかるなどの拡大教科書の課題も，デジタル教科書では，先の機能により学びへのバリアが改善されました。さらに，調べたい言葉があった場合，タブレットだと辞書で直接調べることもできます。こうしたデジタル教科書によるアクセシビリティの高まりは，子どもにとって教科書の内容の理解や学習に取り組む意欲，自己効力感の向上にもつながっています。

　その他にも，デジタル教材は，特別支援学級だけでなく，通常の学級や通級指導教室においても活用することができます。例えば，通常の学級では，学習に集中して参加することが難しい子どもや，姿勢が崩れやすい子ども，問題を読み取ることが難しい子どもなどに対して，大型ディスプレイを活用して視覚的な情報を提示することで，興味や関心をひきつけることができますし，余分な情報を取り除くことで，注意すべき対象に注意を向けやすくすることができます。このように，通常の学級における活用は汎用性が高くなる一方で，通級指導教室や特別支援学級では，個々の特性に応じた個別性が高くなるといえます。

（4）　CLIL（クリル）と英語版教科書

　子どもにとっての学びへの参加を目指すインクルーシブ教育において，外国にルーツを持つ子ども達など，日本の学校で学ぶ日本語を母語としない子ども達にとっては，日本語という言語がハンデになります。デジタル教科書の音声読み上げ機能や漢字にルビを付ける機能などが，そうした子ども達の「特別なニーズ」への配慮になっている例を先に述べましたが，そうした子ども達のもつ言葉の多様性を，教室の学びを豊かにしてくれる言語資源と捉える考え方もあります。デジタル教科書の音声読み上げ機能や漢字にルビを付ける機能などが，そうした日本語をハンデとする子ども達の「特別なニーズ」への配慮になっている例を先に述べましたが，そうした子ども達の持つ言葉の多様性を，教室の学び

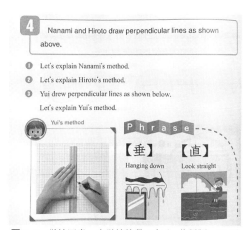

図9-7　学校図書，小学校算数4年上 英語版，50頁

を豊かにする言語資源と捉える考え方もあります。

　小さいときに日本にやってきた，母語が日本語でない子ども達にとって，幼い頃に身につけた言語に加え，日本語に触れる中で，複数の言語が混ざった思考を身につけているはずです。そうした子ども達は，言語を別々に持って使い分けるのではなく，その子なりの言語システムを持っていると考えることができます。英語などの第二言語を通して，算数など教科の科目を学ぶ形態をCLIL（Content and Language Integrated Learning）といい，内容言語統合型学習とも呼ばれます。このCLILでは，言語の背景にある文化の理解や共感など，違いのある言語や文化とどう共存していくかを学んでいくことが重要なのです。外国にルーツを持つ子ども達の言語や文化的背景を，日本の学校における授業に参加する際のバリアと考え

るのではなく，CLIL の実践を通して，新たな学びを生み出すための資源として捉えることもできるのではないでしょうか。子ども達が個々にもつ学習の背景を授業に取り込むことで，クラス全体の学びをより豊かにしていくことも，インクルーシブ教育の一つのあり方といえるでしょう。

CLIL を実践する場合，算数は覚える単語が他の教科に比べて比較的少なく，共通に認識できる部分が多い科目といわれています。その際，日本の算数の英語版教科書が活用できます。算数の英語版教科書は，算数の検定教科書と内容は同じですが，言語が英語になったものです。東京書籍，啓林館，学校図書の3社から1〜6年生まで出版されています。

また，CLIL の実践では，すべてが英語で行わなければならないわけではなく，必要に応じて日本語を入れてもかまいません。英語そのものを学ぶわけではないからです。子ども達が英語で算数を学ぶ中で，英語も日本語も関係なく，複数の言語を自然に交差させてコミュニケーションすることで，思考を深めていくことが大切です。

（北島茂樹）

5　デジタル教科書の優位と課題

　近年，デジタル教科書の導入率は全国的に上昇を続けており，小学校での整備状況は56.6％となっています（文部科学省，2019）。学校教育法第34条が2019年4月に改正され，検定済教科書の内容を電磁的に記録したデジタル教科書がある場合，紙媒体の教科書に代えてデジタル教科書を使用できるようになりました。しかし，文部科学省はデジタル教科書を紙媒体の教科書と全く同様に取り扱うことまでは認めておらず，学習者用デジタル教科書を使用する授業は各教科等の授業時数の2分の1に満たないようにすることや児童生徒が紙媒体の教科書を使用できることが定められています。つまり，電子媒体と紙媒体のブレンド型学習が着々と行われていくのです。また2020年から使用される新たな小学校教科書の実に94％にはQRコードが埋め込まれており，デジタル教科書を未だ導入していない小学校でも，タブレットやスマートフォンを用いて下の図9-8のようなQRコードを読み取れば，教科書会社が管理するサーバーの各種コンテンツにアクセスできます。

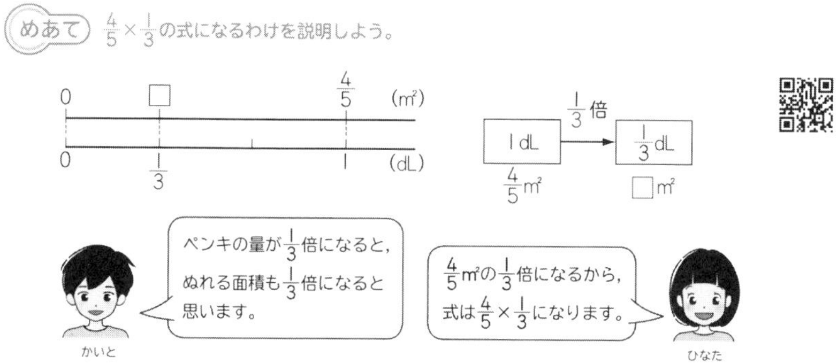

図9-8　算数教科書とQRコード（啓林館，わくわく算数6, 43頁）

　こうした学習者用の教科書，特に算数教科書のデジタル化について，以下3点の特徴が既に指摘されています（小原，2013）。第1に，動画や操作可能な立体画像など多様で豊富なリソースが直接盛り込めることです。グラフの画像を拡大して細部を確認したり，図形をずらして反転させたり

する具体的な操作が子どもの理解をアシストすることが期待できます。特に，計算手続きや数直線・面積図の作図順序など，紙媒体という従来の制約から冗長であった図的表現をシミュレーションできることで指導過程が充実します。第2に，動的表現による視覚化によって子どもの興味関心が喚起されることです。また，苦痛になりがちな技能習得上の単純な反復学習を容易かつアトラクティブにすることができます。第3に，デジタル教科書を端末とした子ども同士の学び合いがグループウェアソフトの組み込みで実現され，即時多方面の意見交換や理解共有が可能になることです。同時に，その学び合いの成果を蓄積するポートフォリオとしての役割も担うことでしょう。注意せねばならないのは，デジタル教科書が単に従来の紙媒体の教科書を電子化したものではなく「学びのプラットフォーム」であるということです。これらの意味で，タブレットに実装されるデジタル教科書は，電子黒板と同時併用してこそ，本来の効果が発揮されるでしょう。こうした優れた特徴の一方で，デジタル教科書の使用は，そのアトラクティブな提示によって記述内容の受動的な観覧に陥る危険性や自ら手を動かして実験・観察する活動が軽視される危険性を生み出します。つまりバーチャル特有の「一見わかった気になる」ことの利便性が体験的に理解すべき事柄を表層的にしてしまうことが危惧されるのです。しかし，これらはデジタル教科書そのものに内在する問題ではなく，教員が指導を行う上で，実体験とのバランスを配慮すれば克服できるでしょう。総務省による「フューチャースクール推進事業」や，文部科学省による「学びのイノベーション事業」などの各モデル校における実践報告では，ネットワーク環境やクラウド環境の技術的な不具合だけでなく，黒板とタブレットPC，実物投影機とデジタル教科書など，マルチメディア併用によるブレンド型学習に腐心する教員各位の創意工夫がみてとれます。ハードとソフトの両面でイノベーションが進めば，それらの実践はさらに充実していくことでしょう。

（前田裕介，小原　豊）

章末演習問題　略解

（1）　みかんを x 個，りんごを y 個買ったとすると

買った個数の関係から　$x+y=18$　…①

買った値段の関係から　$120x+170y=2510$　…②

①②を連立して解くと，$x=11$，$y=7$。よって，みかん 11 個，りんご 7 個。

（2）　5 で割ると 3 余り，4 で割ると 2 余り，3 で割ると 1 余る整数を x とすると $x+2$ は 3，4，5 の公倍数となる。3，4，5 の最小公倍数は 60。

$60 \times 5 = 300$，よって 300 は $x+2$ の倍数。よって，$300 - 2$ から，$x = 298$

（3）　$6.3 \div 35 = 0.18$　この式で木の棒 0.1m（10cm）の重さを先ず求めている。

$0.18 \times 10 = 1.8$　1 m は 0.1 m の 10 倍だから，0.1 m あたりの重さ 0.18 に 10 を掛けて答えを出している。

第2章

（1）　$504 = 2^3 \cdot 3^2 \cdot 7$ より，504 以下の自然数のうち，2 の倍数でも 3 の倍数でも 7 の倍数でもないものの個数を求めればよい。

504 以下の自然数のうち，2 の倍数全体の集合を A，3 の倍数全体の集合を B，7 の倍数全体の集合を C とすると，$n(\text{A}) = 504 \div 2 = 252$，$n(\text{B}) = 504 \div 3 = 168$，$n(\text{C}) = 504 \div 7 = 72$ であり，$n(\text{A} \cap \text{B}) = 504 \div 6 = 84$，$n(\text{B} \cap \text{C}) = 504 \div 21 = 24$，$n(\text{C} \cap \text{A}) = 504 \div 14 = 36$，

$n(\text{A} \cap \text{B} \cap \text{C}) = 504 \div 42 = 12$ であるから，$n(\text{A} \cup \text{B} \cup \text{C}) = n(\text{A}) + n(\text{B}) + n(\text{C}) - n(\text{A} \cap \text{B}) - n(\text{B} \cap \text{C}) - n(\text{C} \cap \text{A}) + n(\text{A} \cap \text{B} \cap \text{C}) = 252 + 168 + 72 - 84 - 24 - 36 + 12 = 360$　よって，求められる個数は，

$504 - n(\text{A} \cup \text{B} \cup \text{C}) = 504 - 360 = 144$　（個）

（2）　$5 \div 7 = 0.\overline{714285}$ より長さが 6 桁の循環小数であることより，$23 \div 6 = 3$ あまり 5 なので小数第 5 位の数字と同じ 8。

（3）　2 つの数 a, b の一方 a が小数，一方 b が分数のとき，この 2 数の大小を比

べる前提として，そろえることを重視する。すなわち a を分数に直すか，b を小数に直すかの2つの考え方がある。小数 a の分数化はその十進構造から容易であり，分数 b の小数化は，無限小数になるときに表記が煩雑になる。そこで一般的に使える方法は，小数を分数化することになるが，例えば $a=0.17$，$b=\dfrac{1}{8}$ のようなときは，$b=0.125$ に直した方が大小判断が速いので，比較方法を硬直させない工夫がいる。

また a, b を大小比較する上で形式を小数か分数にそろえてから，$a-b$ で 0 を指標に較べるか，$\dfrac{a}{b}$ を1を指標に比べるが，a, b を小数にそろえたなら前者，分数にそろえたなら後者の方法をとることが簡単である。

(4) $112 \div 70 = 1 \cdots 42$

$\quad 70 \div 42 = 1 \cdots 28$

$\quad 42 \div 28 = 1 \cdots 14$

$\quad 28 \div 14 = 2 \qquad \text{GCM}(112, 70) = 14$，よって 14 cm

第3章

(1) $11101_{(二)} = 2^4 \times 1 + 2^3 \times 1 + 2^2 \times 1 + 2^1 \times 0 + 2^0 \times 1$

$\quad = 16 + 8 + 4 + 1 = 29 = 3^3 \times 1 + 3^2 \times 0 + 3^1 \times 0 + 3^0 \times 2$

$\quad = 1002_{(三)}$

$\quad 10311_{(四)} = 4^4 \times 1 + 4^3 \times 0 + 4^2 \times 3 + 4^1 \times 1 + 4^0 \times 1$

$\quad = 256 + 48 + 4 + 1 = 309 = 3^5 \times 1 + 3^4 \times 0 + 3^3 \times 2 + 3^2 \times 1 + 3^1 \times 1 + 3^0 \times 0$

$\quad = 102110_{(三)}$

(2) 二進数 $0.111 = 0 + \dfrac{1}{2} + \dfrac{1}{2^2} + \dfrac{1}{2^3} = \dfrac{1}{2} + \dfrac{1}{4} + \dfrac{1}{8} = \dfrac{7}{8} = 0.875$

$\quad$ ア $= 8$　イ $= 7$　ウ $= 5$

(3) 偶数の日付の1週間後の日付は，偶数 $+7 =$ 奇数より奇数の日付になる。また，奇数の日付の1週間後の日付は，奇数 $+7 =$ 偶数より偶数の日付になる。よって，どの曜日も同じ月の中では，1週間後ごとに偶数の日付と奇数の日付を繰り返す。ある月の日曜日のうち，偶数の日付が3日間あるためには，偶数→奇数→偶数→奇数→偶数と偶数日から始まり，同じ曜日が5日必要であることがわかる。その月の最初の日曜日の日付を a 日とすると，

5週目の日曜日の日付は $a+7\times4 = a+28$ である。$a=2$ とすると，5週目の日曜日の日付は $2+28=30$〔日〕。$a=4$ とすると，5週目の日曜日の日付は $4+28=32$〔日〕となり，これはあり得ない。ゆえに，この月の日曜日は2日，9日，16日，23日，30日である。よって，この月の17日は④の月曜日である。

(4) 30は7を法として0と合同でないので，フェルマーの小定理より，
$30^{7-1} \equiv 1 \pmod{7}$ となるため，
$30^{30} = (30^6)^5 \equiv 1^5 \pmod{7}$, 曜日が1つずれて金曜日。

第4章

(1) 関数 $y=ax^2$ で a の絶対値が等しく，符号が反対であるグラフは，x 軸を対称軸として線対称の関係にある。よって，ウ $y = -5x^2$

(2) 相似な立体の相似比を $a:b$ としたとき，面積比（表面積，側面積，底面積）は $a^2:b^2$，体積比は $a^3:b^3$ になる。本題の場合では円柱 A と B の相似比は $2:3$ であるため，体積比は $2^3:3^3$ となることがわかる。よって，円柱 B の体積 x は，$2^3:3^3=240\pi:x$ という比例式が立式できる。この比例式を計算すると，$x = 810\pi$〔cm³〕 よってエ。

(3) △AEF を底面として考えると，高さは6cmである。ゆえに，求める体積は $\dfrac{1}{2} \times 3 \times 3 \times 6 \times \dfrac{1}{3} = 9$〔cm³〕となる。

(4) 右の図のように，等脚台形の高さが内接円の直径になる。内接円の半径を r とすると，$2r = \sqrt{7^2 - 1^2} = 4\sqrt{3}$ よって，$r = 2\sqrt{3}$
斜線部分の面積を引いて求めることができるので，$\dfrac{(6+8)\times 2r}{2} - \pi r^2 = 28\sqrt{3} - 12\pi$〔cm²〕

第5章

(1) ②, ③, ④

(2) 大円の半径を R，小円の半径を r とすると，$\pi R^2 = 3\pi r^2$ であるので，$R = \sqrt{3}\,r$ $(R>0)$ よって大円の半径 R は r の $\sqrt{3}$ 倍となる。

(3) A, B, Cの容器に入っている水の量をx, y, zとすると，$x : y = 3 : 2$，$y : z = 4 : 5$となる。Cの容器に入っている水の量は300mLだから，$y : 300 = 4 : 5$　$5y = 1200$，$y = 240$，Bの容器に入っている水の量は240mLとなる。$x : y = 3 : 2$，$y = 240$より，$x : 240 = 3 : 2$，$2x = 720$，$x = 360$，Aの容器に入っている水の量は360mLとなる。AとCの水の量を比べると，360-340 = 20，よってAの容器の水の量の方が20mL多い。

(4) 円錐の容器と水の入った部分の円錐は相似で，その相似比は$1 : \frac{1}{3} = 3 : 1$だから，容積比は$3^3 : 1^3 = 27 : 1$である。よって，水の入った部分と水の入っていない部分の容積比は$1 : (27-1) = 1 : 26$である。容器に水がいっぱいになるのは，あと$20 \times \frac{26}{1} = 520$〔秒〕かかる。

第6章

(1) $y = \frac{48}{x}$においてxの値が2から8まで増加するから，
変化の割合は　$\dfrac{\frac{48}{8} - \frac{48}{2}}{8 - 2} = -3$となる。

(2) A中学校の男子と女子の各々の生徒数をx人，y人とする。
男子生徒のほうが女子生徒よりも50人少ないから，$y - x = 50 \cdots$①
男子生徒の10％と女子生徒の5％を合わせると34人だから，
$\frac{10}{100}x + \frac{5}{100}y = 34$　⇔　$2x + y = 680 \cdots$②
②-①より，$3x = 630$，$x = 210$
これを①に代入して$y - 210 = 50$，　$y = 260$
よって，A中学校の男子と女子の各々の生徒数は，210人，260人。

(3) 家から駅までの距離をx〔km〕とする。時速30kmのときは「午前7時に家を出て，新幹線の発車時刻の10分前」に駅に着く予定なので，このときの所要時間をy分とする。また，時速45kmのときは「午前7時30分に家を出て，新幹線の発車時刻の10分後」に駅に着いたので，$y - 30 + 20 = y - 10$〔分〕かかったことになる。つまり，同じx〔km〕を時速30kmではy分かかり，時速45kmでは$y - 10$〔分〕かかったことになる。時速30kmを分速$\frac{30}{60}$km，時速45kmを分速$\frac{45}{60}$kmに直して立式すると，

$x = \dfrac{30}{60} \times y = \dfrac{y}{2} \cdots ①$

$x = \dfrac{45}{60} \times (y-10) = \dfrac{3(y-10)}{4} \cdots ②$

①と②の連立方程式を解くと, $y=30$ 〔分〕, $x=15$ 〔km〕 である。

(4) 白ロープは $b$cm, 白ロープは緑ロープの c 倍なので緑ロープは $\dfrac{b}{c}$ cm, 緑ロープは青ロープの d 倍なので青ロープは $\dfrac{b}{cd}$ cm, そして赤ロープは青ロープの a 倍なので, 赤ロープは $\dfrac{ab}{cd}$ cm である。

第7章

(1) 9個の○を1列に並べ, 間の3箇所に｜（仕切り）を入れて, 仕切りで区切られた○の数を, 左から順に a, b, c, d とするときの場合の数を考えればよい。よって, 正の整数の組は ${}_8C_3 = \dfrac{8 \cdot 7 \cdot 6}{3 \cdot 2 \cdot 1} = 56$ 〔通り〕。

(2) 70点未満の人数を x 人とすると, $60 \times x + 76 \times (36-x) = 68 \times 36$ が成り立つ。これを解いて, $x = 18$ 〔人〕。

(3) 度数が6人で最も多い3冊が最頻値である。児童の人数は22人で偶数だから, 読んだ本の冊数の少ない方から11番目と12番目の冊数の平均が中央値であり, 図より12番目が5冊, 13番目が5冊だから, 中央値＝（4+5）÷2 = 5 〔冊〕。そして, 平均値は $(0 \times 2 + 1 \times 0 + 2 \times 0 + 3 \times 6 + 4 \times 3 + 5 \times 2 + 6 \times 2 + 7 \times 1 + 8 \times 4 + 9 \times 1 + 10 \times 1) \div 22 = 5$ 〔冊〕。

(4) リーダーが2名とも6年1組の児童となる組み合わせは, ${}_4C_2=6$ 〔通り〕 また9名から2名のリーダーを決める組み合わせは, ${}_9C_2=36$ 〔通り〕。そのうち, 2名とも6年1組か6年3組の児童となる組み合わせは, ${}_{4+3}C_2=21$ 〔通り〕。よって余事象を考えれば, $36 - 21 = 15$ 〔通り〕。

第8章

(1) ・2桁の自然数を, $(10n+5)^2$ や $(10n+a)(10n+10-a)$ のように, 文字を使って式を表すこと

・乗法公式を用いて式を計算すること

・説明したい目的に応じて式変形をすること　など。

(2) ①$\triangle\mathrm{ABC} = \dfrac{1}{2} \times 6 \times 6 \times \sin 60° = 3 \times 6 \times \dfrac{\sqrt{3}}{2} = 9\sqrt{3}$ 〔cm²〕

　　②垂線の足を点 H とする。点 H は $\triangle$ ABC の外心である。よって，AH は

　　外接円の半径であるから正弦定理より，$\mathrm{AH} = \dfrac{1}{2} \times \dfrac{6}{\dfrac{\sqrt{3}}{2}} = \dfrac{6}{\sqrt{3}} = 2\sqrt{3}$

　　　　$\mathrm{DH} = \sqrt{\mathrm{AD}^2 - \mathrm{AH}^2} = \sqrt{6^2 - (2\sqrt{3})^2} = \sqrt{36-12}$

　　正四面体 ABCD の体積 $= 9\sqrt{3} \times 2\sqrt{6} \times \dfrac{1}{3} = 18\sqrt{2}$ 〔cm³〕

(3)　$1001 \div 2 = 500.5$ より，1 から 1001 までには奇数が 501 個ある。したがっ

　　て 1 から 999 までには奇数が 500 個あるから，$1 + 999 = 1000$，

　　$3 + 997 = 1000$，$5 + 995 = 1000$，…と，1000 になる組み合わせが

　　$500 \div 2 = 250$ 〔個〕あるとわかる。よって，$1000 \times 250 + 1001 = 251001$

(4)　三角形の面積を求める上で，三角形の面積は平行四辺形の面積の半分であ

　　ることを想起させる場面などで活用できる。

引用・参考文献

〔第1章〕

デューイ／松野安男訳（1998）『民主主義と教育（下）』，岩波書店

城地茂（2001）不定方程式再考，『数理解析研究所講究録』，1195，pp.91-104

御園真史（2018）「算数・数学科でプログラミング教育を実施する上での課題」，『日本教育工学会研究報告集』，JSET18-1，pp.567-570

文部省（1947）『学習指導要領算数科数学科編（試案）』，日本書籍

文部省（1951）『小学校学習指導要領算数科編（試案）』，大日本図書

文部省（1986）『小学校思いやりの心を育てる指導』，大蔵省印刷局

文部科学省（2017a）『小学校学習指導要領解説　総則編』，東洋館出版社

文部科学省（2017b）『小学校学習指導要領解説　算数編』，日本文教出版

文部科学省（2018）『小学校プログラミング教育の手引（第二版）』

中村秀吉，藤田晋吾（1976）『ウィトゲンシュタイン全集7　数学の基礎』，大修館書店

能田伸彦（1983）『算数・数学科オープンアプローチによる指導の研究』，東洋館出版社

Novick, L. R. & Bassok, M.（2005）Problem Solving, In K. J.Holyoak & R. G.Morrison（Eds.）*The Handbook of Thinking and Reasoning*, pp.321-349

小原豊（2010）「学び方・価値の教育，道徳教育と人間形成」，『日本数学教育学会誌』，92（11），pp.34-35

小原豊（2014）「多様な考えを活かし練り合う開かれた問題解決授業の展開」，『日本数学教育学会誌』，96（7），pp.28-31

ピアジェ／大伴茂訳（1965）『臨床児童心理学』，同文書院

清水静海（1979）三角形の合同条件とその指導について，『イプシロン』，21，pp.22-33

小学校段階における論理的思考力や創造性，問題解決能力等の育成とプログラミング教育に関する有識者会議（2016）「小学校段階におけるプログラミング教育の在り方について（議論の取りまとめ）」

田中茂男・御園真史（2019）「教員に対する意識調査に基づいた小学校プログラミング教育のカリキュラム開発」，『日本教育工学会研究報告集』，JSET，pp.563-568

中央教育審議会（2016）「幼稚園，小学校，中学校，高等学校及び特別支援学校の学習指導要領等の改善及び必要な方策等について（答申）」

Vergnaud,G.（1988）Multiplicative structures. In J. Hiebert & M. Behr（Eds.）, *Number concepts and operations in the middle grades*. Hillsdale, NJ : Lawrence Erlbaum. pp.141-161

〔第2章〕

足立恒雄（2011）『数とは何か―そしてまた何であったか』，共立出版

カジョリ／小倉金之助補訳（1997）『復刻版　カジョリ初等数学史』，共立出版

小野勝次・梅沢敏郎［訳・解説］（1969）『現代数学の系譜2　ペアノ数の概念について』，共立出版

平林一榮（1994）『算数教育における数学史的問題』，皇學館大學講演叢書，第75輯

平林一榮（2000）「数学教育における「構成」をめぐる事情：数の世界の構成を例に」，『数学教育学研究』，全国数学教育学会，第6巻，pp.1-8

岩崎浩（2003）「$\sqrt{2}$ の無理数性の認識について」，『上越数学教育研究』，第18号，pp.23-30

齋藤正彦（2002）『数学の基礎―集合・数・位相』，東京大学出版会

杉山吉茂（2008）『初等科数学科教育学序説』，東洋館出版社

〔第3章〕

デカルト／原亨吉訳（2013）『幾何学』，筑摩書房，pp.7-10

ヒルベルト／中村幸四郎訳（2005）『幾何学基礎論』，筑摩書房，pp.95-107

メニンガー／内林政夫訳（2001）『図説　数の文化史―世界の数字と計算法』，八坂書房

シルバーマン／鈴木治郎訳（2007）『はじめての数論』，丸善出版

高木貞治（1971）『初等整数論講義　第2版』，共立出版

遠山啓（1972）『初等整数論』，日本評論社

サヴィン他編／山崎昇監訳（2000）『みえる数学の世界Ⅰ』，大竹出版

〔第4章〕

国立教育政策研究所（2014）『平成26年度全国学力・学習状況調査報告書　小学校算数』，文部科学省

宮岡礼子（2017）『曲がった空間の幾何学　現代の科学を支える非ユークリッド幾何とは』，講談社

伊能教夫・小関道彦（2009）『例題で学ぶ図学』，森北出版

中西正治（1992）「三角形の合同条件に関する史的考察」，数学教育研究，第25号，pp.87-100

難波誠（1997）『群と幾何学』，現代数学社

小原豊（2014）「多様な考えを活かし練り合う開かれた問題解決授業の展開」，『日本数学教育学会誌』，第92巻第7号，pp.28-31

小原豊（2017）「SsA合同定理の教材化における「伝聞」状況設定の数学的意味と教育的意義」，『関東学院大学人間環境学会紀要』，第27号，pp.21-26

ローゼン／吉沢保枝訳（1977）『シンメトリーを求めて』，紀伊國屋書店

ユークリッド／中村幸四郎他訳（1971）『ユークリッド原論』，共立出版

〔第5章〕

藤田宏，他7名訳（2007）『図説数学の事典（新装版）』，朝倉書店

小高俊夫（1986）「3. 数」，小高俊夫編『初等教育　数学概説』，東洋館出版社

前田隆一（1962）「量の概念の解説」，赤羽千鶴他監修，『新算数教育講座　第二巻　量と測定 表とグラフ』，吉野書房

野崎昭弘（2012）『πの話』，岩波書店

真野祐輔（2019）「第6講　比較と測定」，溝口達也・岩崎秀樹編著『小学校教師のための算数と数学15講』，ミネルヴァ書房

矢野健太郎編（2010）『数学小辞典　第2版』，共立出版

吉田寿夫（1998）『本当にわかりやすい　すごく大切なことが書いてあるごく初歩の統計の本』，北大路書房

〔第6章〕

ボホナー／村田全訳（1970）『科学史における数学』，みすず書房

G. ジェームス，R. C. ジェームス／一松信・伊藤雄二監訳（2011）『数学辞典　普及版　第1版』，朝倉書店

ラインハルト，ソダー／浪川幸彦・成木勇夫・長岡昇勇，林芳樹訳著（2012）『カラー図解数学事典』，共立出版

Ohara（2000）Epistemological Complexity of Multiplication and Division from the View of Dimensional Analysis, Wann-Sheng Horng & Fou Lai Lin（eds.）, *Pro-*

ceedings of the History and Pedagogy of Mathematics Conference. Vol.1. pp.189-195

ピアジェ／滝沢武久訳（1972）『発生的認識論』，白水社

佐藤愛子（1991）『基礎数学1』，日本理工出版会

ユークリッド／中村幸四郎他訳（1971）『ユークリッド原論』，共立出版

〔第7章〕

大野清四郎・川口廷・中野昇・原弘道編（1970）『中学校数学教育現代化全書　第7巻　確率・統計』，金子書房，pp.11-13

ゴッローチャン／野間口謙太郎訳（2018）『確率は迷う　道標となった古典的な33の問題』，共立出版，pp.318-326

白砂堤津耶（2015）『例題で学ぶ初歩からの統計学　第2版』，日本評論社，pp.9-19

吉田稔・飯島忠編（1989）『心を揺する楽しい授業　話題源数学（上）　』，東京法令出版，pp.98-99

〔第8章〕

Glover, J. T.（2015）*Vedic Mathematics for Schools : Book 1*. Motilal Banarsidass

礒田正美・坪田耕三（2004）ホンジュラス国へのJICA「算数教育」の支援，『楽しい算数の授業』，no.237，明治図書出版

伊藤君獨訳述，伊藤慎蔵（1867）『筆算提要』天真堂

カジョリ／小倉金之助補訳（1997）『初等数学史』共立出版

啓林館指導書編（2015）『第2部詳説朱註　指導書わくわく算数5』，新興出版社啓林館

文部科学省（2008）『小学校学習指導要領解説　算数編』，東洋館出版社

ネルソン他／根上生也・池田敏和訳（1995）『数学マルチカルチャー』，シュプリンガー・フェアラーク東京

岡部恒治監修（2010）『やさしくわかる数学のはなし77　ゼロ、虚数からリーマン予想までまるごとわかる数学ガイド』，学研教育出版

小原豊（2007）算数・数学教育における異文化理解に関する考察，『日本数学教育学会誌』，89（8），pp.20-25

Schattschneider, D.（1978）Tiling the Plane with Congruent Pentagons, *Mathematics Magazine*, Vol. 51

スチュアート／芹沢正三訳（2012）『現代数学の考え方』，筑摩書房

数学教育学研究会編（2000）『新算数教育の理論と実際』，聖文社，pp.173-174

谷岡一郎（2010）『エッシャーとペンローズ・タイル』，PHP サイエンス・ワールド新書

〔第 9 章〕

船越俊介他（2009）幼稚園における「数量・形」と小学校での「算数」の学びをつなげる幼小連携カリキュラムの開発に関する予備的研究，『甲南女子大学研究紀要　人間科学編』，第 46 巻，pp.83-94

平林一栄（1987）『数学教育の活動主義的展開』，東洋館出版社

文部科学省（2010）『幼児期の教育と小学校教育の円滑な接続の在り方について（報告）』https://www.mext.go.jp

文部科学省（2017）『幼稚園教育要領』https://www.mext.go.jp/a_menu/shotou/new-cs/youryou/you/index.htm

文部科学省（2017）『小学校学習指導要領（平成 29 年告示）解説　算数編』，東洋館出版社

文部科学省（2019）「デジタル教科書　実践事例集」https://www.mext.go.jp

日本 CLIL 教育学会（2017）「CLIL とは」https://www.j-clil.com/

岡部恭幸（2016）幼児期において Disembedding を指導することの意義と可能性，『神戸大学大学院人間発達環境学研究科研究紀要』特別号，pp.47-52

齋藤昇・秋田美代（2010）算数・数学の創造性能力を高める教材の開発，『数学教育学会春季年会発表論文集』，pp.74-76

Saito, N., Akita, M. (2017) Development of Teaching Materials for Improving Creativity in Mathematics Education and its Evaluation Method, *International Journal of Research on Mathematics and Science Education*, Vol. 5, pp.1-10

田中博史・盛山隆雄他編著（2013）『ほめて育てる算数言葉―算数授業の言語活動を本当の思考力育成につなぐために』，文溪堂

遠山啓（1971）障害児教育について，『教育』264，国土社

国立特別支援教育総合研究所（2016）「障害のある児童生徒のための ICT 活用に関する総合的な研究（研究成果報告書）」https://www.nise.go.jp/

吉田明史（2015）保育者に必要な数学力についての基礎的研究（2），『奈良学園大学奈良文化女子短期大学部紀要』，第 46 巻，pp.129-149

索　引

あとがき

　現在，文部科学省検定の算数の教科用図書は，毎年約1300万冊が発行されており，啓林館，東京書籍，学校図書，教育出版，大日本図書，日本文教出版の6社から特徴豊かな教科書が作られています。約10年間隔で改訂される学習指導要領と異なり，教科書は約4年間隔で更新されますが，その背景には広く深い数学が横たわっています。本書の随所で力説しておりますが，背後の数学をある程度知らずに算数を教えるのはとても怖いことです。発展への道筋を長期的につけることに限らず，数学を知らなければ子どもの知的な努力を台無しにしてしまうこともありえます。また情報化時代の昨今，算数独自の論理に対して「数学的に納得いかぬ」と指摘する識者もいます。実に有り難いことです。多様な見識こそが算数教育の在り方に自覚と進展を促します。そうした指摘を「教育的」または「数学的」に思慮深さが足りぬと一面的に否定して能事おわれりとするのは独善というものです。教育上の意義や便宜について数学上の海容を乞い，数学と教育の緊張関係を自覚しつつ，子どもの先々に対する最善を探すのです。

　本書は2013年に上梓された『授業に役立つ算数教科書の数学的背景』を加筆修正し新たに再構成したものです。職員免許法施行規則の一部改正（平成10年法律第98号）によって，小学校一種免許取得条件として教科専門科目の必要修得数が減少し，必要な数学を必ずしも学ばずに学校現場に出る先生方が残念ながら増えてしまいました。本書は，こうした状況を憂いつつ，小学校教員をめざして教職課程に在籍する若い方々に是非学んで欲しい内容となっていますが，同時に，原点を振り返りたい現職教員の先生方も手に取って下さり，日々の授業を支える教材研究の一助として頂ければ無上の幸いです。

　末筆になりましたが，本書の刊行にあたり，東洋館出版社編集部の大場亨様には格別なお力添えを頂きました。ここに記して深謝申し上げます。

2020年2月　　　　　　　　　　　　　　　　　編著者　小原　豊

執筆者一覧

〔編著者〕

齋藤　昇（さいとう　のぼる）　第1章1節，第9章1節

　　鳴門教育大学大学院学校教育研究科教授，兵庫教育大学連合学校教育学研究科（博士課程）教授，立正大学教授，埼玉学園大学人間学部教授を経て，現在，鳴門教育大学名誉教授。博士（工学）。

　　主な著書『子どもの学びを深める新しい算数科教育法』（東洋館出版社，共編著）／『授業に役立つ算数教科書の数学的背景』（東洋館出版社，共編著）／『深い学びを支える数学教科書の数学的背景』（東洋館出版社，共編著）／『「山登り式学習法」入門』（明治図書出版，編著）他

小原　豊（おはら　ゆたか）　第1章2節，3節，4節，第2章3節，第6章2節，第9章2節，5節

　　筑波大学産学官連携研究員，鳴門教育大学助教授，立命館大学准教授，関東学院大学教授を経て，現在，学習院大学大学院教授。

　　主な著書『Japanese Lesson Study in Mathematics』（World Scientific，共編著）／『授業に役立つ算数教科書の数学的背景』（東洋館出版社，共編著）／『深い学びを支える数学教科書の数学的背景』（東洋館出版社，共編著）／『小学校教員をめざす人のために』（関東学院大学出版会，共編著）／，『中学校数学科つまずき指導事典』（明治図書出版，共編著）他

〔分担執筆者〕

秋田　美代（あきた　みよ，博士（学校教育学），鳴門教育大学副学長）第6章1節

上ヶ谷友佑（うえがたに　ゆうすけ，博士（教育学），広島大学附属福山中・高等学校 教諭）第2章2節

梅宮　亮（うめみや　りょう，横浜市立汐入小学校 教諭）第7章3節

枝廣　和憲（えだひろ　かずのり，博士（教育学），福山大学人間文化学部 准教授）第3章3節

大石　泰範（おおいし　やすのり，八千代松陰中学校・高等学校 講師）第4章2節

太田　誠（おおた　まこと，博士（学校教育学），東海学園大学教育学部 教授）第8章1節

片岡　啓（かたおか　けい，関西学院大学教職教育研究センター 教授）第7章2節

金児　正史（かねこ　まさふみ，帝京平成大学人文社会学部 教授）第5章3節

川之上　光（かわのうえ　ひかる，横浜市立屏風ヶ浦小学校 教諭）第8章2節

北島　茂樹（きたじま　しげき，明星大学教育学部 教授）第3章2節，第9章4節

佐伯　昭彦（さえき　あきひこ，博士（学校教育学），鳴門教育大学大学院 教授）第5章2節

坂井　武司（さかい　たけし，博士（情報学），京都女子大学発達教育学部 教授）第5章1節

谷　竜太（たに　りゅうた，南丹市立園部小学校教諭）第4章1節，第9章2節

寺井　純平（てらい　じゅんぺい，一般社団法人子供教育創造機構 主任）第8章3節

徳岡　大（とくおか　まさる，高松大学発達科学部 講師）第7章1節

中込　雄治（なかこみ　ゆうじ，博士（学校教育学），宮城学院女子大学教育学部 教授）第3章1節

長谷川勝久（はせがわ　かつひさ，東洋大学文学部 教授）第8章4節

早田　透（はやた　とおる，博士（教育学），鳴門教育大学自然・生活系 講師）第4章3節

廣瀬　隆司（ひろせ　たかし，博士（学校教育学），名古屋経済大学人間生活科学部 教授）第6章3節

前田　一誠（まえだ　かずしげ，環太平洋大学次世代教育学部 教授）第9章3節

前田　裕介（まえだ　ゆうすけ，大阪大谷大学教育学部 助教）第9章5節

松嵜　昭雄（まつざき　あきお，博士（学術），埼玉大学教育学部 准教授）第2章1節

御園　真史（みその　ただし，博士（学術），島根大学学術研究院教育学系 准教授）第1章5節

深い学びを支える算数教科書の数学的背景

2020（令和2）年4月1日　初版第1刷発行
2023（令和5）年4月1日　初版第3刷発行

編著者：齋藤　昇，小原　豊
発行者：錦織　圭之介
発行所：株式会社東洋館出版社
　　　　〒101-0054　東京都千代田区神田錦町2丁目9番地1号
　　　　　　　　　　　コンフォール安田ビル2階
　　　　代　表　電話03-6778-4343　FAX03-5281-8091
　　　　営業部　電話03-6778-7278　FAX03-5281-8092
　　　　振　替　00180-7-96823
　　　　Ｕ Ｒ Ｌ　https://www.toyokan.co.jp
印刷・製本：藤原印刷株式会社
装丁・本文デザイン：藤原印刷株式会社
編集協力：株式会社東京出版サービスセンター

ISBN978-4-491-03979-4
Printed in Japan